Gereimtes und Ungereimtes über

Tod und Auferstehung, Himmel und Hölle

Martino Tomasi

6. Auflage,
Juli 1999, 155.–174. Tausend

Titelbild: Feldis, Piz Beverin (CH)

Zweigstelle, CH-3704 Krattigen
Verlagsarchiv-Nr. 211 799

Druck: Grindeldruck GmbH,
D-20144 Hamburg
Printed in Germany
ISBN 3-905008-57-2

Inhaltsübersicht

Vorwort

Auf dem Büchermarkt tauchen in den letzten Jahren laufend Neuerscheinungen über die Themen "Sterben", "Tod" und "Jenseits" auf. Das Interesse an diesen Fragen lässt sowohl bei Ärzten und Wissenschaftlern wie auch in der breiten Bevölkerung nicht nach. Unter den vielen Autoren benützen aber nur sehr wenige die Heilige Schrift als einzige Grundlage auf der Suche nach Antworten zu diesen wichtigen Lebensfragen. Es ist zwar selten so, dass die biblischen Aussagen ganz vernachlässigt werden, doch erscheinen sie oft im Zwielicht und werden mit ausserbiblischen Ansichten vermengt.

Als Autor dieser Broschüre war es mein Wunsch, suchenden Menschen eine klare biblische Antwort auf ihre brennenden Fragen zu geben. Mögen Menschen durch das Lesen dieser gekürzten Ausgabe von "Gereimtes und Ungereimtes über Tod und Auferstehung, Himmel und Hölle" Mut und Hoffnung finden und am Ende vor einer Enttäuschung bewahrt werden.

Martino Tomasi

1. Teil
Die biblische Lehre über Tod und Auferstehung, Himmel und Hölle

1. Der Weg zum ewigen Leben

Als Gott unsere Welt in ihrer Pracht erschaffen hatte, betrachtete und beurteilte er sein vollendetes Werk.

> **... und siehe, es war sehr gut ...**[1]

Aber dann kam die Sünde und brachte Tod und Verderben.

> **Deshalb, wie durch einen Menschen die Sünde in die Welt gekommen ist und der Tod durch die Sünde, so ist der Tod zu allen Menschen durchgedrungen, weil sie alle gesündigt haben.**[2]

Doch Gott überliess die Menschen nicht ihrem Schicksal. Er hatte einen Plan, um sie zu retten.[3]

Wie ein roter Faden zieht sich diese Hoffnung auf den Nachkommen, welcher den Tod, den Feind des Lebens,

---

1 1. Mose 1,31 2 Römer 5,12 3 1. Mose 3,15

überwinden und besiegen sollte, durch das Alte Testament.

Denn uns ist ein Kind geboren, ein Sohn ist uns gegeben, und die Herrschaft ruht auf seiner Schulter; und er heisst Wunder-Rat, Gott-Held, Ewig-Vater, Friede-Fürst.[4]

Fürwahr, er trug unsre Krankheit und lud auf sich unsre Schmerzen. Wir aber hielten ihn für den, der geplagt und von Gott geschlagen und gemartert wäre. Aber er ist um unsrer Missetat willen verwundet und um unsrer Sünde willen zerschlagen. Die Strafe liegt auf ihm, auf dass wir Frieden hätten, und durch seine Wunden sind wir geheilt.[5]

Als die dafür vorgesehene Zeit gekommen war, verliess Jesus, so wie von den Propheten vorausgesagt, die Herrlichkeit des Himmels.

Er war in allem Gott gleich, und doch hielt er nicht daran fest, zu sein wie Gott. Er gab es willig auf und wurde einem Sklaven gleich. Er wurde ein Mensch in dieser Welt und teilte das Leben der Menschen.[6]

Dann kam das gewaltige Ringen Jesu in Gethsemane. Ein ungeheurer Kampf tobte in ihm, aber der Kampf fiel zugunsten des gefallenen Menschengeschlechtes aus. Jesus siegte gegen die Mächte des Bösen. Er war bereit gewesen, zu sterben. Der Unschuldige für die Schuldigen. Sagen wir es noch deutlicher: Jesus starb stellvertretend für Sie und für mich. Ohne Hilfe von aussen wären alle Menschen ohne Unterschied dem Verderben ausgeliefert. Doch

---

4 Jesaja 9,5 5 Jesaja 53,4.5

6 Philipper 2,6.7 Die Gute Nachricht

Christus kam in diese Welt, um unsere Erlösung zu erwirken, sofern wir ihn annehmen.

Er erniedrigte sich selbst und ward gehorsam bis in den Tod, den Tod am Kreuze.[7]

Als Jesus vom Tod auferstanden war, wurde die Tatsache der Auferstehung zu einem zentralen Anliegen der apostolischen Verkündigung.

Den hat Gott auferweckt und hat aufgelöst die Schmerzen des Todes, wie es denn unmöglich war, dass er vom Tode festgehalten werden konnte.[8]

... den Fürsten des Lebens habt ihr getötet. Den hat Gott auferweckt von den Toten; dessen sind wir Zeugen.[9]

... Er hatte ihnen nämlich das Evangelium von Jesus und von der Auferstehung verkündigt.[10]

Weil Jesus auferstanden ist, kann er unser Mittler sein.

... Christus Jesus ist hier, der gestorben ist, ja vielmehr, der auch auferweckt ist, der zur Rechten Gottes ist und uns vertritt.[11]

Das ist nun die Hauptsache bei dem, wovon wir reden: Wir haben einen solchen Hohenpriester, der da sitzt zur Rechten des Thrones der Majestät im Himmel ...[12]

---

7 Philipper 2,8 Hamp-Stenzel-Kürzinger-Übers.
8 Apostelgeschichte 2,24
9 Apostelgeschichte 3,15
10 Apostelgeschichte 17,18
11 Römer 8,34
12 Hebräer 8,1

Die Apostel verkündigten, gestützt auf Jesu Aussage in Johannes 14,6, dass es nur in Jesus Christus Errettung gibt.

> **Und in keinem andern ist das Heil, auch ist kein andrer Name unter dem Himmel den Menschen gegeben, durch den wir sollen selig werden.**[13]

Durch sein einmaliges Opfer am Kreuz, brachte Jesus die Erlösung.

> **Dieser aber brachte nur ein einziges Opfer für die Sünden dar ... Denn durch ein einziges Opfer hat er für immer jene, die geheiligt werden sollen, zur Vollendung geführt.**[14]

> **Denn also hat Gott die Welt geliebt, dass er seinen eingeborenen Sohn gab, damit alle, die an ihn glauben, nicht verloren werden, sondern das ewige Leben haben.**[15]

Im nächsten Kapitel wollen wir uns mit der Auferstehung befassen, die zu diesem ewigen Leben führt.

---

13 Apostelgeschichte 4,12 14 Hebräer 10,12.14 Hamp-Stenzel-Kürzinger-Übers.
15 Johannes 3,16

2. Die Hoffnung der Gläubigen

Durch Jesu Tod und Auferstehung wurde die Macht des Todes gebrochen und eine echte Hoffnung geboren.

> **Denn wie sie in Adam alle sterben, so werden sie in Christus alle lebendig gemacht werden ... wenn er kommen wird ...**[1]

Da Tote wieder lebendig werden können, ist es nicht verwunderlich, dass die Bibel den Tod an verschiedenen Stellen als Schlaf bezeichnet.

> **... einige aber sind entschlafen. ... Nun aber ist Christus auferstanden von den Toten als Erstling unter denen, die entschlafen sind.**[2]

> **... Lazarus, unser Freund, schläft, aber ich gehe hin, ihn aufzuwecken. Jesus aber sprach von seinem Tode; sie meinten aber, er rede vom leiblichen Schlaf. Da sagte es ihnen Jesus frei heraus: Lazarus ist gestorben ...**[3]

Aus dem Todesschlaf gibt es für die Gläubigen ein Erwachen zum ewigen Leben.

> **Jesus spricht zu ihr: Dein Bruder wird auferstehen. Marta spricht zu ihm: Ich weiss wohl, dass er auferstehen wird - bei der Auferstehung am Jüngsten Tage.**[4]

---

1 1. Korinther 15,22.23 2 1. Korinther 15,6.20 3 Johannes 11,11-14
4 Johannes 11,23.24

Dass Jesus die Macht hat, Tote ins Leben zurückzurufen, bewies er kurz nach dem Gespräch mit Marta, indem er vor den Augen vieler Zeugen Lazarus, der schon vier Tage gestorben war, auferweckte. Auf den Ruf Jesu hin (Johannes 11,43.44) trat der Verstorbene, noch in Tücher gehüllt, aus dem Grabe heraus.

Zu welchem Zeitpunkt alle Erlösten aus dem Todesschlaf auferweckt werden und ihr Erbteil antreten dürfen, hören wir aus dem Munde Jesu immer wieder:

> **... es kommt die Stunde, in der alle, die in den Gräbern sind, seine Stimme hören werden, und werden hervorgehen, die Gutes getan haben, zur Auferstehung des Lebens ...**[5]
>
> **... sondern dass ich's auferwecke am Jüngsten Tage.**[6]
>
> **... und ich werde ihn auferwecken am Jüngsten Tage.**[7]
>
> **... und ich werde ihn auferwecken am Jüngsten Tage.**[8]
>
> **... und ich werde ihn am Jüngsten Tage auferwecken.**[9]

Bereits der alttestamentliche Prophet Daniel erfuhr den Zeitpunkt der Auferstehung der Gerechten.

> **Du aber, Daniel, gehe hin, bis das Ende kommt, und**

---

5 Johannes 5,28.29
6 Johannes 6,39
7 Johannes 6,40
8 Johannes 6,44
9 Johannes 6,54

> **ruhe, bis du auferstehst zu deinem Erbteil am Ende der Tage!**[10]

Vom Augenblick der Geburt an ist ein Kind gesetzlicher Erbe seiner Eltern. Sein Erbe kann es aber erst dann antreten, wenn seine Eltern gestorben sind. Ähnlich verhält es sich auch mit der Auferstehung. Durch die Wiedergeburt wird der Mensch Erbe, aber sein Erbteil wird ihm erst am Jüngsten Tage ausgeteilt.

> **... damit wir, durch dessen Gnade gerecht geworden, Erben des ewigen Lebens würden, nach unsrer Hoffnung.**[11]

Wer zu einem neuen Leben geboren wird, ist dank der Wiedergeburt Erbe der göttlichen Verheissungen. Das Erbe gehört ihm; es wird ihm bei der Wiederkunft Christi durch die Auferstehung gegeben.

> **... der uns nach seiner grossen Barmherzigkeit wiedergeboren hat zu einer lebendigen Hoffnung durch die Auferstehung Jesu Christi von den Toten, zu einem unvergänglichen und unbefleckten und unverwelklichen Erbe, das aufbewahrt wird im Himmel für euch, die ihr aus Gottes Macht durch den Glauben bewahrt werdet zur Seligkeit, die bereit ist, dass sie offenbar werde zu der letzten Zeit. Dann werdet ihr euch freuen ...**[12]

Ewiges Leben ist also nicht etwas, das wir von Natur aus besitzen, sondern ein Geschenk, welches uns allein durch den Glauben an Jesus zuteil wird.

10 Daniel 12,13 11 Titus 3,7 12 1. Petrus 1,3-5

Wer den Sohn hat, der hat das Leben; wer den Sohn Gottes nicht hat, der hat das Leben nicht.[13]

Die Auferstehungshoffnung ist die einzige Hoffnung für Christen. Deutlicher als es der Apostel Paulus sagt, kann man es wohl nicht aussprechen.

... Wenn die Toten nicht auferstehen, dann lasst uns essen und trinken; denn morgen sind wir tot![14]

Gäbe es keine Auferstehung, dann wäre der Glaube an ein ewiges Leben ein Betrug. Alle im Glauben Verstorbenen wären verloren. Gläubige und ungläubige Menschen würden ewig in der Erde bleiben. Jetzt schlafen die Gläubigen zwar noch im Grabe; sie haben die Erfüllung der göttlichen Verheissung noch nicht erlebt, aber Gottes Wort sagt, dass sie kommt:

Ihr Männer, liebe Brüder, lasst mich freimütig zu euch reden von dem Erzvater David. Er ist gestorben und begraben, und sein Grab ist bei uns bis auf diesen Tag. ... Denn David ist nicht gen Himmel gefahren ...[15]

Diese alle sind gestorben im Glauben und haben das Verheissene nicht erlangt, sondern es nur von ferne gesehen und gegrüsst und haben bekannt, dass sie Gäste und Fremdlinge auf Erden sind.[16]

Diese alle haben durch den Glauben Gottes Zeugnis empfangen und doch nicht erlangt, was verheißen war, weil Gott etwas Besseres für uns vorgesehen

13 1. Johannes 5,12 14 1. Korinther 15,32 15 Apostelgeschichte 2,29.34
16 Hebräer 11,13

hat; denn sie sollten nicht ohne uns vollendet werden.[17]

Bei Jesu Wiederkunft werden die Gottesfürchtigen aller Zeiten auf der ganzen Erde gesammelt und in Gottes Gegenwart gebracht werden:

Und dann wird erscheinen das Zeichen des Menschensohns am Himmel. Und dann werden wehklagen alle Geschlechter auf Erden und werden sehen den Menschensohn kommen auf den Wolken des Himmels mit grosser Kraft und Herrlichkeit. Und er wird seine Engel senden mit hellen Posaunen, und sie werden seine Auserwählten sammeln von den vier Winden, von einem Ende des Himmels bis zum andern.[18]

Der Apostel Paulus sprach mit anderen Worten dasselbe aus, was Jesus verkündigt hatte:

Wir wollen euch aber nicht in Unkenntnis lassen, ihr Brüder, über die Entschlafenen, damit ihr nicht trauert wie die übrigen, die keine Hoffnung haben. Denn wenn wir glauben, dass Jesus gestorben und auferstanden ist, so wird Gott in dieser Weise auch die Entschlafenen durch Jesus mit ihm zusammenführen. Denn das sagen wir euch als ein Wort des Herrn, dass wir, die wir leben, die wir bis zur Wiederkunft des Herrn übrigbleiben, den Entschlafenen nicht zuvorkommen werden. Denn der Herr selbst wird unter einem Befehlsruf, unter der Stimme eines Erzengels und unter [dem Schall] der Posaune

---

17 Hebräer 11,39.40 18 Matthäus 24,30.31

Gottes vom Himmel herabkommen, und die Toten in Christus werden zuerst auferstehen; darnach werden wir, die Lebenden, die Übrigbleibenden, zugleich mit ihnen entrückt werden in Wolken dem Herrn entgegen in die Luft; und so werden wir allezeit bei dem Herrn sein. Darum tröstet einander mit diesen Worten![19]

Im Angesicht des Todes finden Menschen, die an Gott glauben, in seinem Wort einen herrlichen Trost in der Auferstehungshoffnung. Eine andere Hoffnung gibt es nicht. Die Auferstehung findet statt, wenn Jesus wiederkommt. An jenem Tag dürfen wir die lieben Menschen, die uns der Tod entrissen hat, wiedersehen. Dann, wenn Jesus wiederkommt, nimmt er die Erlösten zu sich.

... hätte ich dann zu euch gesagt: Ich gehe hin, euch die Stätte zu bereiten? Und wenn ich hingehe, euch die Stätte zu bereiten, will ich wieder kommen und euch zu mir nehmen, damit ihr seid, wo ich bin.[20]

Dieses Bibelwort sollten wir uns gut einprägen. Es stammt aus Jesu Mund und sagt ganz unmissverständlich, dass Jesus die Gläubigen erst bei seiner Wiederkunft zu sich nehmen wird.

Sie erhalten ihren Lohn zu dem von Gott bestimmten Zeitpunkt, nicht früher und nicht später.

Siehe, ich komme bald und mein Lohn mit mir, einem jeden zu geben, wie seine Werke sind.[21]

---

19 1. Thessalonicher 4,13-18 Zürcher Übers.
20 Johannes 14,2.3
21 Offenbarung 22,12

Wenn aber Christus, euer Leben, sich offenbaren wird, dann werdet ihr auch offenbar werden mit ihm in Herrlichkeit.[22]

Ihn möchte ich erkennen und die Kraft seiner Auferstehung und die Gemeinschaft seiner Leiden und so seinem Tode gleichgestaltet werden, damit ich gelange zur Auferstehung von den Toten.[23]

Wann wird den Menschen die Liebe zu Jesus vergolten?

... es wird dir aber vergolten werden bei der Auferstehung der Gerechten.[24]

Denn es wird geschehen, dass der Menschensohn kommt in der Herrlichkeit seines Vaters mit seinen Engeln, und dann wird er einem jeden vergelten nach seinem Tun.[25]

Gläubige, die zum Zeitpunkt der Wiederkunft Jesu leben, werden direkt verwandelt, ohne dass sie sterben müssen.

Siehe, ich sage euch ein Geheimnis: Wir werden nicht alle entschlafen, wir werden aber alle verwandelt werden; und das plötzlich, in einem Augenblick, zur Zeit der letzten Posaune. Denn es wird die Posaune erschallen, und die Toten werden auferstehen unverweslich, und wir werden verwandelt werden.[26]

Nach diesen vielen und klaren Aussagen Jesu und der Apostel sollte man meinen, die Lehre über Tod und Auf-

---

22 Kolosser 3,4
23 Philipper 3,10.11
24 Lukas 14, 14
25 Matthäus 16, 27
26 1. Korinther 15,51.52

erstehung sei unmissverständlich dargelegt. Trotzdem spricht Paulus in diesem Zusammenhang von Leuten, die von der Wahrheit abirren.

> **Auch aus eurer Mitte werden Männer aufstehen, die Verkehrtes lehren, um die Jünger an sich zu ziehen.**[27]

Im Brief an die Kolosser sagt er:

> **Seht zu, dass euch niemand einfange durch Philosophie und leeren Trug, gegründet auf die Lehre von Menschen ...**[28]

Und welches war eine der verkehrten Lehren, die schon zu Lebzeiten des Apostels Paulus verkündigt wurde?

> **... ihr Wort frisst um sich wie der Krebs. Unter ihnen sind Hymenäus und Philetus, die von der Wahrheit abgeirrt sind und sagen, die Auferstehung sei schon geschehen, und bringen einige vom Glauben ab.**[29]

Für die Zukunft hatte Paulus vorhergesagt:

> **Denn es wird eine Zeit kommen, da sie die heilsame Lehre nicht ertragen werden; sondern nach ihren eigenen Gelüsten werden sie sich selbst Lehrer aufladen, nach denen ihnen die Ohren jucken, und werden die Ohren von der Wahrheit abwenden und sich den Fabeln zukehren. Du aber sei nüchtern in allen Dingen ...**[30]

---

27 Apostelgeschichte 20,30 28 Kolosser 2,8 29 2. Timotheus 2,17.18
30 2. Timotheus 4,3-5

Im 2. Timotheusbrief, dem letzten Brief, den der Apostel Paulus vor seinem Tod schrieb, schildert er nochmals eindrücklich die einzige biblische Hoffnung angesichts des Todes.

> **Ich habe den guten Kampf gekämpft, ich habe den Lauf vollendet, ich habe Glauben gehalten; hinfort liegt für mich bereit die Krone der Gerechtigkeit, die mir der Herr, der gerechte Richter, an jenem Tag geben wird, nicht aber mir allein, sondern auch allen, die seine Erscheinung lieb haben.**[31]

Ein wahrer Christ braucht angesichts des Todes nicht in Verzweiflung zu geraten. Er ist gewiss: es gibt eine Auferstehung. Für gläubige Menschen ist der Tod ein Schlaf, dem ein herrliches Aufwachen zum ewigen Leben folgt.

Durch das Nachlesen der folgenden Fragen laden wir Sie ein, die Aussagen dieses Kapitels noch einmal zu überdenken:

Wie nennt die Bibel den Tod?

Wann werden die Gläubigen aus ihrem Todesschlaf geweckt?

Wann werden die Erlösten das für sie im Himmel aufbewahrte Erbe erhalten?

Zu welchem Schluss kommen wir beim Überdenken von 1. Korinther 15,32?

Die Bibel sagt, dass die gläubigen Männer und Frauen aus

---

31 2. Timotheus 4,7.8

alter Zeit das Verheissene noch nicht erhalten haben. Wann empfangen sie es?

Wann werden die Auserwählten gesammelt, um anschliessend das Reich Gottes zu ererben?

Wann erhalten die, welche Gott dienen, ihren Lohn? Wann wird ihnen vergolten?

Welche verkehrte Lehre beunruhigte den Apostel Paulus?

Womit sollen sich Gläubige nach Aussage des Apostels Paulus angesichts des Todes trösten?

3. Werden Gottlose auch auferstehen?

Beginnen wir mit einem Wort Jesu:

> **Denn es kommt die Stunde, in der alle, die in den Gräbern sind, seine Stimme hören werden, und werden hervorgehen, die Gutes getan haben, zur Auferstehung des Lebens, die aber Böses getan haben, zur Auferstehung des Gerichts.**[1]

Alle Verstorbenen, ob sie nun gut oder böse waren, werden bis zur Auferstehung im Grabe schlafen. Den Guten ist das ewige Leben verheissen, die Bösen erwartet das Gericht.

Die Apostel haben keine andere Lehre als die ihres Meisters, Jesus Christus, verkündigt. Beachten wir besonders die zwei folgenden Aussagen:

> **Ich habe die Hoffnung zu Gott, die auch sie selbst haben, nämlich dass es eine Auferstehung der Gerechten wie der Ungerechten geben wird.**[2]

> **Denn wir müssen alle offenbar werden vor dem Richterstuhl Christi, damit jeder seinen Lohn empfange für das, was er getan hat bei Lebzeiten, es sei gut oder böse.**[3]

Für die Gottlosen ist mit dem Tode nicht einfach alles zu Ende.

---

1 Johannes 5,28.29 2 Apostelgeschichte 24,15 3 2. Korinther 5,10

... Fürchtet euch vor dem, der, nachdem er getötet hat, auch Macht hat, in die Hölle zu werfen.[4]

Du aber mit deinem verstockten und unbussfertigen Herzen häufst dir selbst Zorn an auf den Tag des Zorns und der Offenbarung des gerechten Gerichtes Gottes, der einem jeden geben wird nach seinen Werken: ewiges Leben denen, die in aller Geduld mit guten Werken trachten nach Herrlichkeit, Ehre und unvergänglichem Leben; Ungnade und Zorn aber denen, die streitsüchtig sind und der Wahrheit nicht gehorchen, gehorchen aber der Ungerechtigkeit.[5]

Rächt euch nicht selbst, meine Lieben, sondern gebt Raum dem Zorn Gottes; denn es steht geschrieben: "Die Rache ist mein; ich will vergelten, spricht der Herr."[6]

Und wie den Menschen bestimmt ist, einmal zu sterben, danach aber das Gericht ...[7]

Die Gottlosen werden nicht zur gleichen Zeit wie die Gläubigen auferstehen. Über die Reihenfolge der Ereignisse findet sich beim Apostel Paulus folgende Erklärung:

Denn wie sie in Adam alle sterben, so werden sie in Christus alle lebendig gemacht werden. ... als Erstling Christus; danach, wenn er kommen wird, die, die Christus angehören; danach das Ende, wenn er das Reich Gott, dem Vater, übergeben wird, nach-

---

4 Lukas 12,5 5 Römer 2,5-8 6 Römer 12,19
7 Hebräer 9,27

dem er alle Herrschaft und alle Macht und Gewalt vernichtet hat.[8]

Als Erstling ist Christus wenige Tage nach seinem Tode auferstanden. Die Gläubigen dürfen ihre Auferstehung bei der Wiederkunft Christi erwarten. Erst danach kommt das Ende über alle gottfeindlichen Mächte.

Bleiben wir vorerst noch bei den Ereignissen, die bei der Wiederkunft Christi stattfinden. Alle Erlösten werden bei Jesu Kommen in Jubel ausbrechen. Weil sie verwandelt wurden, können sie die Herrlichkeit Jesu ertragen. Ganz anders wird es den Gottlosen ergehen. In ihrem sündigen Zustand ist für sie der Anblick der Herrlichkeit Jesu etwas Schreckliches. Sie kommen alle um.

Und die Könige auf Erden und die Grossen und die Obersten und die Reichen und die Gewaltigen und alle Sklaven und alle Freien verbargen sich in den Klüften und Felsen der Berge und sprachen zu den Bergen und Felsen: Fallt über uns und verbergt uns vor dem Angesicht dessen, der auf dem Thron sitzt, und vor dem Zorn des Lammes![9]

Und wie es geschah zu den Zeiten Noahs, so wird's auch geschehen in den Tagen des Menschensohns: sie assen, sie tranken, sie heirateten, sie liessen sich heiraten bis zu dem Tag, an dem Noah in die Arche ging und die Sintflut kam und brachte sie alle um.[10]

Ebenso, wie es geschah zu den Zeiten Lots: Sie assen, sie tranken, sie kauften, sie verkauften, sie

---

8 1. Korinther 15,22-24 9 Offenbarung 6,15.16 10 Lukas 17,26.27

pflanzten, sie bauten; an dem Tage aber, als Lot aus Sodom ging, da regnete es Feuer und Schwefel vom Himmel und brachte sie alle um. Auf diese Weise wird's auch gehen an dem Tage, wenn der Menschensohn wird offenbar werden.[11]

Denn wie es in den Tagen Noahs war, so wird auch sein das Kommen des Menschensohns. Denn wie sie waren in den Tagen vor der Sintflut - sie assen, sie tranken, sie heirateten und liessen sich heiraten bis an den Tag, an dem Noah in die Arche hineinging; und sie beachteten es nicht, bis die Sintflut kam und raffte sie alle dahin -, so wird es auch sein beim Kommen des Menschensohns.[12]

Auch in Offenbarung 19,18-21 wird uns mitgeteilt, dass alle Gottlosen bei Jesu Wiederkunft sterben müssen. Die anderen werden dann bei Christus im Himmel sein, während die Gottlosen alle tot sind. Lesen wir, was der Prophet Jeremia dazu sagt:

... Der Herr will mit den Völkern rechten und mit allem Fleisch Gericht halten; die Schuldigen wird er dem Schwert übergeben, spricht der Herr ... es wird eine Plage kommen von einem Volk zum andern, und ein grosses Wetter wird sich erheben von den Enden der Erde. Zu der Zeit werden die vom Herrn Erschlagenen liegen von einem Ende der Erde bis ans andere Ende; sie werden nicht beklagt noch aufgehoben noch begraben werden, sondern müssen auf dem Felde liegen und zu Dung werden.[13]

---

11 Lukas 17,28-30 12 Matthäus 24,37-39 13 Jeremia 25,31-33

Doch das ist nicht das endgültige Gericht über die Gottlosen. Nach langer Zeit wird Gott sie auferwecken, damit sie sich vor dem Richter der Welt verantworten und den verdienten Lohn für ihre Taten empfangen.

> **Es wird die Erde mit Krachen zerbrechen, zerbersten und zerfallen. Die Erde wird taumeln wie ein Trunkener und wird hin und her geworfen wie eine schwankende Hütte; denn ihre Missetat drückt sie, dass sie fallen muss und nicht wieder aufstehen kann. Zu der Zeit wird der Herr das Heer der Höhe heimsuchen in der Höhe und die Könige der Erde auf der Erde, dass sie gesammelt werden als Gefangene im Gefängnis und verschlossen werden im Kerker und nach langer Zeit heimgesucht werden.**[14]

Jesus hat in der Offenbarung dem Johannes gezeigt, dass zwischen der Auferstehung der Gläubigen und der Auferstehung der Gottlosen tausend Jahre liegen werden.

> **Die andern Toten aber wurden nicht wieder lebendig, bis die tausend Jahre vollendet wurden ...**[15]

Auf die Frage, was dann mit den auferstandenen Gottlosen geschehen wird, werden wir später eingehen.

Im folgenden Kapitel wollen wir zuerst aus der Bibel erfahren, wo sich die Toten bis zur Auferstehung befinden.

---

14 Jesaja 24,19-22 15 Offenbarung 20,5

4. Wo sind die Toten bis zur Auferstehung?

Die Bibel kennt nur einen Ort, an den die Toten gelangen. Sie unterscheidet nicht zwischen einem Platz für die Guten und einem Platz für die Bösen. Das Alte Testament bezeichnet diesen Ort mit dem hebräischen Wort "Scheol", während das Neue Testament dafür das griechische Wort "Hades" verwendet. Aus den nun folgenden Texten wird ersichtlich, dass mit Scheol und Hades der Ort gemeint ist, wohin alle Toten gehen. Für Grab, Friedhof, Bestattungsort, Gruft usw. werden auch noch andere Wörter gebraucht, doch diese sind für unsere Frage von untergeordneter Bedeutung. Anstatt die Luther-Übersetzung, Ausgabe 1984, verwenden wir in diesem Kapitel oft die Elberfelder Bibel, denn sie übersetzt die Begriffe Scheol und Hades nicht ins Deutsche.

Der gottesfürchtige Jakob glaubte, dass sein frommer Sohn Joseph von einem bösen Tier zerrissen und nun im Scheol sei. Jakob wusste, dass auch er selbst, wenn er stirbt, dorthin gehen würde:

> **... in Trauer werde ich zu meinem Sohn in den Scheol hinabfahren.**[1]

Die gottlose Rotte Korah fuhr lebendig, samt ihren Häusern und ihrer Habe, in den Scheol.

> **... da spaltete sich der Erdboden, der unter ihnen war, und die Erde öffnete ihren Mund und ver-**

---

1 1. Mose 37,35, Elberfelder Bibel, vergleiche Kapitel 42,38; 44,29.31

schlang sie und ihre Familien und alle Menschen, die Korach angehörten, und [ihren] ganzen Besitz. Und sie fuhren, sie und alles, was ihnen gehörte, lebendig in den Scheol hinab, und die Erde bedeckte sie ...[2]

David fühlte sich auf seiner Flucht vor Saul schon in den Fesseln des Todes.

Denn mich umfingen die Wogen des Todes, Bäche des Verderbens erschreckten mich. Fesseln des Scheols umgaben mich, Fallen des Todes überwältigten mich.[3]

Bemerkenswert ist, dass die fromme Hanna in ihrem Lobgesang die Befreiung aus dem Scheol, also die Auferstehung erwähnt.

Der Herr tötet und macht lebendig; er führt in den Scheol hinab und wieder herauf.[4]

Das griechische Wort Hades, das im Neuen Testament vorkommt, hat die gleiche Bedeutung wie das hebräische Wort Scheol. Dies kann durch einen Vergleich von Psalm 16,10 mit Apostelgeschichte 2,27 deutlich gemacht werden:

Denn meine Seele wirst du dem Scheol nicht lassen, wirst nicht zugeben, dass dein Frommer die Verwesung sehe.[5]

Du wirst meine Seele nicht im Hades zurücklassen,

---

2 4. Mose 16,31-33, Elberfelder Bibel
3 2. Samuel 22,5.6, Elberfelder Bibel
4 1. Samuel 2,6, Elberfelder Bibel
5 Psalm 16,10, Elberfelder Bibel

noch zugeben, dass dein Frommer Verwesung sehe. Brüder, es sei erlaubt, mit Freimütigkeit zu euch zu reden über den Patriarchen David, dass er gestorben und begraben und sein Grab bis auf diesen Tag unter uns ist. ... hat er voraussehend von der Auferstehung des Christus geredet, dass er weder im Hades zurückgelassen worden ist, noch sein Fleisch die Verwesung gesehen hat. Denn nicht David ist in die Himmel aufgefahren ...[6]

Normalerweise verwesen die Toten im Scheol (Grab) oder im Hades (Grab), doch Christus bildete eine Ausnahme, denn er wurde auferweckt, bevor sein Fleisch in Verwesung überging.

Scheol und Hades haben also nichts mit dem zu tun, was gewöhnlich Hölle genannt wird. Scheol kommt im Alten Testament (ohne Apokryphen) 64mal vor und Hades im Neuen Testament 10mal. Keine dieser Stellen sagt, dass im Scheol oder Hades Feuer brennt, dass dort Menschen leiden, bewusst irgend etwas erlebten oder die Bösen bestraft würden. Manche dieser Texte sprechen von Bestrafung, doch besteht die Strafe darin, dass Menschen sterben und ins Grab sinken müssen. Nie heisst es, Menschen würden im Scheol oder Hades (Grab) gepeinigt oder bestraft. (Auf Lukas 16 kommen wir später zu sprechen.)

Scheol und Hades werden verschiedentlich mit dem Staub der Erde, mit Würmern und Verwesung in Verbindung gebracht. Mit dem griechischen Wort "Gehenna", welches "Hölle" bedeutet, ist es gerade umgekehrt, denn dort, wo es steht, ist nie von Verwesung die Rede, sondern von "ins

---

6 Apostelgeschichte 2,27.29.31.34, Elberfelder Bibel

Feuer werfen", von Qualen und Strafe. Wir werden später von diesem Ort sprechen.

Wenn der Mensch gestorben ist, wird er beerdigt und liegt im Grabe (Scheol, Hades). Nach den Aussagen der Bibel lebt er nicht mehr und hat jede Möglichkeit verloren, mit Gott und Menschen Kontakt zu pflegen.

> **Denn die Lebenden wissen, dass sie sterben werden, die Toten aber wissen gar nichts, und sie haben keinen Lohn mehr, denn ihr Andenken ist vergessen. Alles, was deine Hand zu tun findet, das tue in deiner Kraft! Denn es gibt weder Tun noch Berechnung, noch Kenntnis, noch Weisheit im Scheol, in den du gehst.**[7]

> **Denn im Tode gedenkt man deiner nicht; im Scheol, wer wird dich preisen?**[8]

> **Wirst du an den Toten Wunder tun? Oder werden die Gestorbenen aufstehen, dich preisen? Wird von deiner Gnade erzählt werden im Grab, im Abgrund von deiner Treue? Werden in der Finsternis bekannt werden deine Wunder, und deine Gerechtigkeit im Land des Vergessens?**[9]

> **Die Toten werden dich, Herr, nicht loben, keiner, der hinunterfährt in die Stille; aber wir loben den Herrn ...**[10]

Beim Tode zerfällt nicht nur der Körper, sondern auch die geistigen und seelischen Funktionen erlöschen.

---

7 Prediger 9,5.10, Elberfelder Bibel
8 Psalm 6,6
9 Psalm 88,11-13, Elberfelder Bibel
10 Psalm 115,17.18

Denn des Menschen Geist muss davon, und er muss wieder zu Erde werden; dann sind verloren alle seine Pläne.[11]

Denn die Toten loben dich nicht, und der Tod rühmt dich nicht, und die in die Grube fahren, warten nicht auf deine Treue; sondern allein, die da leben, loben dich ...[12]

Bist du doch unser Vater; denn Abraham weiss von uns nichts, und Israel kennt uns nicht ...[13]

Da der Tod das genaue Gegenteil vom Leben ist, hat der Mensch nach seinem Tode in keiner Weise mehr Anteil an dem, was auf Erden geschieht.

Darum will ich dich zu deinen Vätern versammeln, damit du mit Frieden in dein Grab kommst und deine Augen nicht sehen all das Unheil, das ich über diese Stätte bringen will ...[14]

Bei all diesen Aussagen darf nie vergessen werden, dass die Bibel den Tod mit einem Schlaf vergleicht, bei dem man nichts weiss. Doch für alle Menschen kommt der Tag, an welchem sie durch Jesu machtvolle Stimme aus dem Todesschlaf geweckt werden.

---

11 Psalm 146,4 12 Jesaja 38,11.18.19 13 Jesaja 63,16
14 2. Könige 22,20

5. Unsterbliche Seele - kein biblischer Begriff

Als Gott den ersten Menschen schuf, formte er zuerst aus Erde einen Körper und blies diesem den Odem ein. Odem heisst in Hebräisch "Ruach" (auch "Neschamah"). Ruach wird übersetzt mit Odem, Wind, Atem usw. Als Gott Odem gab, wurde der Mensch eine lebendige Seele, oder wie es andere Übersetzungen sagen, ein lebendiges Wesen.

> **Da machte Gott der Herr den Menschen aus Erde vom Acker und blies ihm den Odem des Lebens in seine Nase. Und so ward der Mensch ein lebendiges Wesen.**[1]

Aus dem aus Erde geformten, leblosen Körper wurde, als Gott den Odem in seine Nase blies, eine lebendige Seele. Es ist eine Tatsche, dass der Mensch nicht eine lebendige Seele bekam, sondern eine lebendige Seele wurde.

René Pache schreibt im Buch "Das Jenseits" treffend:

> **Der Mensch ist eine lebendige Seele ... Nachdem Gott ihn aus dem Staub der Erde gebildet hatte, "blies Er ihm den lebendigen Odem in seine Nase. Und also ward der Mensch eine lebendige Seele".**[2]

Im Buch von Fritz Rienecker "Das Schönste kommt noch. Vom Leben nach dem Sterben"[3]:

---

1 1. Mose 2,7 (7,22) 2 Seite 17 3 2. Taschenbuchauflage 1983

Die Bibel scheidet oder schneidet darum den Menschen nicht in drei Teile, nämlich "hier Geist, dort Seele, dort Leib!"... Sie sieht den Menschen als eine Einheit. Die Seele und der Geist können sich nicht von dem frei machen oder entbinden, was im Leibe geschieht, und umgekehrt![4]

So ist der Mensch ein als Leib, Seele und Geist geformtes Wesen. Leib, Seele und Geist sind unauflöslich miteinander und ineinander verbunden.[5]

Fritz Rienecker zitiert auf Seite 45 Prof. Emil Brunner, der folgendes geschrieben hat:

Der Mensch ist eine Ganzheit, nämlich Geist, Seele und Leib. Die Schöpfung Gottes ist eine Einheit, das Geistige und das Natürliche gehören zusammen. Zusammen sind sie von Gott "losgebrochen", zusammen müssen sie erlöst werden ... Zusammen sollen Leib und Seele wieder zu Gott zurückkehren.[6]

1978 kam in Deutschland das Buch "Leben nach dem Tode?" von Spiros Zodhiates heraus. Dort heisst es ganz richtig:

"Jehova Gott bildete den Menschen, Staub von dem Erdboden, und hauchte in seine Nase den Odem des Lebens; und der Mensch wurde eine lebendige Seele." Dieser Vers klärt auf über die präzise Ordnung bei der Erschaffung des Menschen, in der Gott vorging. Zuerst formte er den Menschen aus gewöhnlichem Staub der Erde. Das war sein Körper,

---

4 Seite 41 5 Seite 44 6 Seite 45.46

das stoffliche Element seiner Existenz. Obwohl der Körper in jeder Einzelheit vollständig war, so war er doch bewegungs- und leblos. "Leben", das Element, welches das Herz schlagen und die Gedanken denken lässt, war nicht da; auch war weder das Gefühl noch das Sich-seiner-selbst-Bewusstsein da. Nur der Körper war da, das Produkt von Gottes erstem Schöpfungsakt mit Blick auf den Menschen. Dann tat Gott einen zweiten Schritt. Er "hauchte in seine Nase den Odem des Lebens; und der Mensch wurde eine lebendige Seele."[7]

Obschon René Pache, Fritz Rienecker und Spiros Zodhiates bestens wissen, was Gottes Wort über die Erschaffung des Menschen sagt, wenden sie sich in ihren Büchern der unbiblischen Lehre von der unsterblichen Seele zu. Sie behaupten, dass die Seele den Körper beim Tode als bewusstes Wesen wieder verlasse. Man staunt oft darüber, mit welcher Unbekümmertheit manche Behauptungen aufgestellt werden. Der Bibelleser hat oft gar nicht die Möglichkeit, nachzuprüfen, ob sie stimmen.

Wenn Architekten und Ingenieure ihre Arbeit so manipulierten, wie manche christliche Bibelausleger es tun, kämen Brücken und Häuser zum Einsturz. Würden Buchhalter ihre Buchhaltung zu ihrem Nutzen so frisieren, steckte man sie als Betrüger hinter Schloss und Riegel. Doch in der Religion scheint es jedem erlaubt zu sein, nach seinem Ermessen zu tun, was ihm gefällt. Der Apostel Paulus wusste um die Gefährlichkeit solchen Vorgehens:

Aber selbst wenn wir oder ein Engel vom Himmel

---

7 Seite 17

> **euch ein Evangelium predigen würden, das anders ist, als wir es euch gepredigt haben, der sei verflucht.[8]**

Sagen wir es nochmals ganz klar: Der Mensch bekam bei der Schöpfung keine Seele, sondern er wurde eine Seele, als Gott den Odem in den leblosen Körper blies.

Das Wort Odem (ruach) kommt im Alten Testament 379mal vor. Keine der vielen Stellen sagt, dass ruach ein vom Menschen getrenntes "Etwas" sei, das denken, handeln oder empfinden könne. Das Wort ruach wird wiedergegeben mit Atem, bewegte Luft, Odem in der Nase, Lebensodem, Seele, Geist, Verstand, Gefühl, Wille, Rat, Absicht, Geist von Gott, Ärger oder Mut. Wenn Gott ruach gibt, lebt der Mensch. Wenn er ruach wegnimmt, dann sterben die Menschen und dann sterben auch die Tiere:

> **Denn es geht dem Menschen wie dem Vieh: wie dies stirbt, so stirbt auch er, und sie haben alle einen Odem [ruach], und der Mensch hat nichts voraus vor dem Vieh ... Es fährt alles an einen Ort. Es ist alles aus Staub geworden und wird wieder zu Staub.[9]**

Ruach können wir mit dem elektrischen Strom vergleichen. Wird der Strom eingeschaltet, entsteht in der Glühlampe Licht, im Heizkörper Wärme, in der Maschine Kraft. Es ist aber immer derselbe Strom. Der Mensch und die unzähligen Tierarten leben, weil Gott ihnen Odem gibt. Nimmt Gott den Odem zurück, dann zerfallen Mensch und Tier in Staub und sie werden wieder zu Erde.

---

8 Galater 1,8

9 Prediger 3,19.20

Denn der Staub muss wieder zur Erde kommen, wie er gewesen ist, und der Geist [ruach] wieder zu Gott, der ihn gegeben hat.[10]

... das ging alles zu Noah in die Arche paarweise, von allem Fleisch, darin Odem [ruach] des Lebens war ... Alles, was Odem [ruach] des Lebens hatte auf dem Trockenen, das starb.[11]

Verbirgst du dein Angesicht, so erschrecken sie; nimmst du weg ihren Odem [ruach], so vergehen sie und werden wieder Staub. Du sendest aus deinen Odem [ruach], so werden sie geschaffen, und du machst neu die Gestalt der Erde.[12]

Es ist sehr wichtig zu beachten, dass beim Tode von Mensch und Tier das gleiche geschieht. Gott nimmt einfach das Leben (hebräisch "ruach" / griechisch "pneuma"), das er gegeben hat, wieder zurück. Das Leben der guten Menschen, das Leben der bösen Menschen sowie auch das Leben der Tiere geht beim Tode zurück zu Gott, zu dem, der es gegeben hat.

Als zweiten wichtigen Begriff finden wir im Alten Testament das hebräische "nephesch". Es kommt 745mal vor. Für dieses Wort gibt es über 40 verschiedene Übersetzungsmöglichkeiten, z.B. Seele, Leben, Person, Geist, Herz, Wille, Lust, Kreatur, Tod oder Leichnam, Atem, Tier, Fisch, Vergnügen usw. Wir werden später in einigen Beispielen sehen, wie dieser Begriff verwendet wird.

Im Neuen Testament ist das Wort "Geist" die Übersetzung

10 Prediger 12,7 11 1. Mose 7,15.22 12 Psalm 104,29.30

des griechischen Wortes "pneuma". Es kommt 385mal vor und bedeutet Atem, bewegte Luft, der Geist eines Menschen, Wind, Seele, Leben. So wie bei ruach und nephesch muss auch bei pneuma der Zusammenhang zeigen, was gemeint ist. Die ersten Christen haben die jeweilige Bedeutung gut verstanden. So betete Stephanus, als er gesteinigt wurde:

... Herr Jesus, nimm meinen Geist [pneuma] auf![13]

Stephanus wusste, dass Gott ihm das Leben gegeben hatte und bat nun: Nimm mein Leben wieder, ich lege es in deine Hände. Das Umgekehrte geschah, als Jesus eine Tochter auferweckte:

Er aber nahm sie bei der Hand und rief: Kind, steh auf! Und ihr Geist [pneuma] kam wieder, und sie stand sogleich auf.[14]

Das Leben kam wieder zurück. Sie war wieder lebendig.

Ein weiteres Wort im Neuen Testament, das griechische "psyche" kommt 105mal vor. Es wird übersetzt mit Seele, Leben, Herz oder Mut. Von Paulus und Barnabas wird uns gesagt, dass sie ihre Seelen eingesetzt haben für den Namen des Herrn. In der Luther-Bibel heisst es aber:

... die ihr Leben eingesetzt haben für den Namen unseres Herrn Jesus Christus.[15]

Es gibt in der Bibel noch viele weitere Beispiele, die zeigen, dass Gottes Wort unter Seele den ganzen Menschen versteht. Sehen wir uns einige solche Texte an:

---

13 Apostelgeschichte 7,59 14 Lukas 8,54.55 15 Apostelgeschichte 15,26

Die nun sein Wort annahmen, liessen sich taufen; und an diesem Tage wurden hinzugefügt etwa dreitausend Menschen [Seelen].[16]

Interessant ist in diesem Zusammenhang ein Vergleich zwischen älteren und neueren Bibelübersetzungen. Hesekiel 18,4 lautete in der Luther-Bibel von 1912 folgendermassen:

Denn siehe, alle Seelen [nephesch] sind mein; des Vaters Seele [nephesch] ist sowohl mein als des Sohnes Seele [nephesch]. Welche Seele [nephesch] sündigt, die soll sterben.[17]

Und nun lesen wir den Vers in der 1984 revidierten Bibel:

Denn siehe, alle Menschen gehören mir; die Väter gehören mir so gut wie die Söhne; jeder, der sündigt, soll sterben.[18]

Die Luther-Bibel von 1912 übersetzte nephesch in Psalm 7 mit Seele:

Auf dich, Herr, traue ich, mein Gott. Hilf mir von allen meinen Verfolgern und errette mich, dass sie nicht wie Löwen meine Seele [nephesch] erhaschen und zerreissen, weil kein Erretter da ist.[19]

Der revidierte Text (1984) setzt nun statt Seele das persönliche Fürwort "mich" ein, und das ist es auch, was nephesch in diesem Vers meint.

---

16 Apostelgeschichte 2,41 17 Hesekiel 18,4 18 Hesekiel 18,4
19 Psalm 7,2.3

Als der Apostel Paulus einen Jüngling auferweckt hatte, sagte er:

> **... Macht kein Getümmel; denn es ist Leben [psyche] in ihm.**[20]

Der Apostel Paulus sagte damit, dass der Jüngling nicht mehr tot, sondern wieder lebendig sei.

Halten wir nochmals fest, wie oft die wichtigsten Begriffe vorkommen, die mit Geist und Seele übersetzt werden können.

Im Alten Testament		Im Neuen Testament	
Geist - ruach	379mal	Geist - pneuma	385mal
Seele - nephesch	745mal	Seele - psyche	105mal

Allein diese vier wichtigen Begriffe kommen somit in der Bibel über 1600mal vor. Kein einziges Mal wird damit etwas bezeichnet, das ausserhalb des Körpers eine bewusste Existenz haben könnte. Nie wird etwas damit beschrieben, das auf eine vom Körper getrennte, bewusste Wesenseinheit schliessen liesse. Nicht ein einziges Mal wird von einer unsterblichen Seele oder einem unzerstörbaren Geist gesprochen. Die Schlussfolgerung zwingt sich auf: Unsterblichkeit ist weder der Seele noch dem menschlichen Geist eigen.

Gottes Wort betont ausdrücklich und ohne Einschränkung, dass Gott allein Unsterblichkeit besitzt. "Allein" bedeutet "sonst niemand".

> **... <u>der allein Unsterblichkeit hat</u>, der da wohnt in ei-**

---

20 Apostelgeschichte 20,10

nem Licht, zu dem niemand kommen kann, den kein Mensch gesehen hat noch sehen kann. Dem sei Ehre und ewige Macht! Amen.[21]

Im Gegensatz zu Gott sind die Menschen noch sterblich. Erst bei Jesu Wiederkunft empfangen die Erlösten die Unsterblichkeit aus der Hand Gottes.

Denn dies Verwesliche muss anziehen die Unverweslichkeit, und dies Sterbliche muss anziehen die Unsterblichkeit. Wenn aber dies Verwesliche anziehen wird die Unverweslichkeit und dies Sterbliche anziehen wird die Unsterblichkeit, dann wird erfüllt werden das Wort, das geschrieben steht: "Der Tod ist verschlungen vom Sieg."[22]

In der gesamten Bibel kommt das Wort "Unsterblichkeit" nur drei Mal vor. Überlegen wir uns, was es bedeutet, dass Gott allein Unsterblichkeit besitzt, und dass die Gläubigen erst bei Jesu Wiederkunft Unsterblichkeit erhalten.

Der Mensch ist eine unzertrennliche Einheit.

Wenn der Apostel Paulus sagt ihr sollt untadelig sein auf den Tag des Herrn, dann meint er den ganzen Menschen, der aus einem Körper besteht, Gefühle hat und denken kann.

Er aber, der Gott des Friedens, heilige euch durch und durch und bewahre euren Geist [pneuma] samt Seele [psyche] und Leib [soma] unversehrt, untadelig für die Ankunft unseres Herrn Jesus Christus.[23]

---

21 1. Timotheus 6,16 22 1. Korinther 15,53.54 23 1. Thessalonicher 5,23

Der ganze Mensch ist von der Sünde erfasst worden. Der ganze Mensch muss gereinigt, geheiligt und erlöst werden. Durch die Sünde hat der Mensch alles verloren. Durch Christus wird alles wiederhergestellt.

Lesen wir, was der Holländische Katechismus (Herder-Bücherei, Band 382) unter anderem zu unserer Frage sagt:

> **Nicht nur Arme, Beine, Rumpf und Kopf sterben. Nein, der ganze irdische Mensch verfällt dem Tode. Hierin haben diejenigen recht, die ein Weiterleben nach dem Tode nicht annehmen: das Sterben bedeutet das Ende des ganzen Menschen, so wie wir ihn kannten.**[24]
>
> **In früheren Zeiten hat man eine Lösung gesucht in der Vorstellung vom Tode als einer Trennung von Leib und Seele. Nach dem Tode, so stellte man es sich vor, lebt die Seele getrennt vom Leibe weiter, während der Leib selbst zerfällt; beim Jüngsten Gericht werden die Leiber aus der Erde neu gesammelt. Diese klare Vorstellung war ein ehrlicher Versuch, sich die Aussagen der Schrift bildlich vorzustellen. Wir müssen es heute anders ausdrücken, und zwar gerade, um den Aussagen der Schrift gerecht zu werden ... Warum also müssen wir es heute anders sagen? Weil auch die Bibel selbst die Seele des Menschen niemals ganz losgelöst von seiner Leiblichkeit denkt. Auch wir moderne Menschen können das nicht. Was jemand ist, hängt so sehr auch mit seinem Leib zusammen, dass wir uns nicht ein getrenntes Ich ohne enge Bindung an den Leib**

---

24 Seite 521

> **denken können. Wenden wir uns mit unvoreingenommenem Blick den Bibelworten zu. Wie heisst es dort? Von Jesus lesen wir: Er ist auferweckt worden. Von den Verstorbenen: Sie werden auferweckt werden ... Aber das Wort "Seele" bedeutet in seiner Sprache nicht einen selbständigen, getrennten, geistigen Teil des Menschen ... Der biblische Sprachgebrauch kennt keine unleibliche Menschenseele ...**[25]

Wenn der biblische Sprachgebrauch keine unleibliche Menschenseele kennt, warum gibt es dann gerade über diese Frage so viele irrige bibelfremde Lehren?

Urheber dieser Verwirrung ist Satan, den Jesus einen Lügner und den Vater der Lüge nannte.

> **Ihr habt den Teufel zum Vater, und nach eures Vaters Gelüste wollt ihr tun. Der ist ein Mörder von Anfang an und steht nicht in der Wahrheit; denn die Wahrheit ist nicht in ihm. Wenn er Lügen redet, so spricht er aus dem Eigenen; denn er ist ein Lügner und der Vater der Lüge.**[26]

Schon im Paradies trat Satan, der Lügner, in Aktion. Gott hatte dem ersten Menschen gesagt:

> **... denn an dem Tage, da du von ihm issest, musst du des Todes sterben.**[27]

Satan aber sagte, sie werden nicht sterben (1. Mose 3,4). Wer hatte nun recht? Gott, der sagte: "Du musst sterben", oder Satan, der behauptete: "Ihr werdet nicht sterben"?

---

25 Seite 524/525 26 Johannes 8,44 27 1. Mose 2,17

Wie uns die folgenden Texte zeigen, ist der Tod die direkte Folge der Sünde.

> **Deshalb, wie durch einen Menschen die Sünde in die Welt gekommen ist und der Tod durch die Sünde, so ist der Tod zu allen Menschen durchgedrungen, weil sie alle gesündigt haben.**[28]

> **Im Schweisse deines Angesichts sollst du dein Brot essen, bis du wieder zu Erde werdest, davon du genommen bist. Denn du bist Erde und sollst zu Erde werden.**[29]

Doch wie wir im zweiten Kapitel gesehen haben, ist das nicht das Letzte. Bei Jesu Wiederkunft werden alle, die Gott angehören, zum neuen ewigen Leben auferweckt.

---

28 Römer 5,12 (siehe auch Römer 6,23)

29 1. Mose 3,19

6. Und es gibt doch eine Hölle!

Verschiedene christliche Gruppen, aber auch Kreise, die nichts vom christlichen Glauben halten, lehnen die Existenz einer "Hölle" strikte ab.

Doch im dritten Kapitel haben wir Texte gelesen, die sagen, dass die Bösen einst auferstehen werden, um für ihren Wandel bestraft zu werden. Gottes Wort spricht unmissverständlich vom zukünftigen Gericht und von der Bestrafung der Unbussfertigen. Hier einige weitere Aussagen:

> **... an dem Tag, an dem Gott das Verborgene der Menschen durch Christus Jesus richten wird ...**[1]

> **... der ohne Ansehen der Person einen jeden richtet nach seinem Werk ...**[2]

> **... die Ungerechten aber festzuhalten für den Tag des Gerichts, um sie zu strafen.**[3]

> **So werden auch der Himmel, der jetzt ist, und die Erde durch dasselbe Wort aufgespart für das Feuer, bewahrt für den Tag des Gerichts und der Verdammnis der gottlosen Menschen.**[4]

Die Bestrafung jener Menschen, welche in ihren Sünden beharrten, wird etwas Schreckliches sein.

> **Denn wenn wir mutwillig sündigen, nachdem wir**

---

1 Römer 2,16 2 1. Petrus 1,17 3 2. Petrus 2,9
4 2. Petrus 3,7

die Erkenntnis der Wahrheit empfangen haben, haben wir hinfort kein andres Opfer mehr für die Sünden, sondern nichts als ein schreckliches Warten auf das Gericht und das gierige Feuer, das die Widersacher verzehren wird.[5]

... der wird von dem Wein des Zornes Gottes trinken, der unvermischt eingeschenkt ist in den Kelch seines Zorns, und er wird gequält werden mit Feuer und Schwefel ...[6]

Gott wird gerecht bestrafen, er wird jedem geben, was er verdient hat.

Eine wieviel härtere Strafe, meint ihr, wird der verdienen, der den Sohn Gottes mit Füssen tritt und das Blut des Bundes für unrein hält, durch das er doch geheiligt wurde, und den Geist der Gnade schmäht? Schrecklich ist's, in die Hände des lebendigen Gottes zu fallen.[7]

... Die werden ein um so härteres Urteil empfangen.[8]

Der Knecht aber, der den Willen seines Herrn kennt, hat aber nichts vorbereitet noch nach seinem Willen getan, der wird viel Schläge erleiden müssen.[9]

Das göttliche Strafgericht trifft jene Menschen, die von der Erlösungstat Christi nichts wissen wollen und in ihrer Unbussfertigkeit verharren.

---

5 Hebräer 10,26.27
6 Offenbarung 14,10
7 Hebräer 10,29.31
8 Markus 12,40
9 Lukas 12,47

Es gibt für den Menschen zwei mögliche Wege, und Jesus zeigt klar, wo jeder endet:

> **Geht hinein durch die enge Pforte. Denn die Pforte ist weit und der Weg ist breit, der zur Verdammnis führt, und viele sind's, die auf ihm hineingehen. Wie eng ist die Pforte und wie schmal der Weg, der zum Leben führt, und nur wenige sind's, die ihn finden!**[10]

Schmaler Weg - Leben; breiter Weg - Verdammnis; so wird das göttliche Urteil lauten. Das griechische Wort "apoleia", das Luther mit Verdammnis übersetzt, bedeutet Verderben, Vernichtung oder Ruin, also genau das Gegenteil von Leben. Apoleia kann auch "Verlorengehen" heissen (vergleiche Johannes 17,12).

Der Apostel Paulus erklärt:

> **Da Gott seinen Zorn erzeigen und seine Macht kundtun wollte, hat er mit grosser Geduld ertragen die Gefässe des Zorns, die zum Verderben bestimmt waren.**[11]

Apoleia bedeutet hier Vernichtung. In Philipper 1,28 wird der "Rettung" das "Verderben" gegenübergestellt; in Philipper 3,19.20 steht das "Verderben" im Gegensatz zum "Bürgerrecht im Himmel". Der Mensch der Gesetzlosigkeit ist der Sohn des Verderbens (2. Thessalonicher 2,3). Beachtenswert ist die folgende Aussage:

> **Denn die reich werden wollen, die fallen in Versuchung und Verstrickung und in viele törichte und**

---

10 Matthäus 7,13.14 11 Römer 9,22

schädliche Begierden, welche die Menschen versinken lassen in Verderben und Verdammnis.[12]

Apoleia wird auch in 2. Petrus 2,1.3; 3,7.16 angeführt und bedeutet dort eindeutig Zerstörung, Vernichtung oder Untergang. In Offenbarung 17,8.11 kommt apoleia ebenfalls vor und wird mit Verdammnis übersetzt.

Ein anderer griechischer Begriff hat mit dem gleichen Gedanken zu tun: "olethros aionos". In 2. Thessalonicher 1,9 werden diese Wörter mit "das ewige Verderben" übersetzt. Die erwähnten Bibelstellen stimmen mit den Aussagen Jesu genau überein, wonach nur die das Leben haben werden, "die an ihn glauben". (Johannes 3,15.16.36.) Wir müssen auch an dieser Stelle wieder die Tatsache in den Mittelpunkt rücken, dass wir das Leben nicht in uns selber, sondern nur in und durch Jesus Christus haben. Ohne Christus gibt es kein Leben. Wer nicht durch Christi Opfer mit Gott versöhnt ist, hat keine Hoffnung auf ewiges Leben, er hat nur die Aussicht auf das Gericht (Johannes 5,29).

Das Wort, welches vom zukünftigen Strafort der Gottlosen spricht und daher mit Hölle übersetzt werden kann, heisst im Griechischen "Gehenna". Es kommt im Neuen Testament 12mal vor, und zwar in Matthäus 5,22.29.30; 10,28; 18,9; 23,15.33; Markus 9,43.45.47; Lukas 12,5 und Jakobus 3,6. Gehenna ist das Wort, das vom zukünftigen Feuergericht spricht. Das Wort Gehenna hat eine recht interessante Geschichte, die weit ins Alte Testament zurückreicht. In alter Zeit gehörte das kleine Tal am Südrand der Stadt Jerusalem den Söhnen Hinnoms. Der gottlose König Ahas führte in diesem Tal einen greulichen Götzendienst ein. Von Ahas heisst es:

---

12 1. Timotheus 6,9

... Er tat nicht, was dem Herrn wohlgefiel ... Dazu machte er den Baalen gegossene Bilder und opferte im Tal Ben-Hinnom und verbrannte seine Söhne im Feuer nach den greulichen Sitten der Heiden ...[13]

Ganz schlimm trieb es auch der König Manasse (2. Chronik 33,6). Der spätere König Josia, der sich zu Gott hielt, bekämpfte die heidnischen Greuel wieder. Er verwandelte die um Jerusalem herum aufgerichteten Götzenaltäre in Trümmerhaufen (2. Könige 23,5.10). Im Tal Hinnom wurde dann während vieler Jahrhunderte der Unrat Jerusalems verbrannt. Auch Leichen von Verbrechern wurden dort dem Feuer übergeben. Der Rauch stieg Tag und Nacht, von Jerusalem aus sichtbar, zum Himmel empor. Und dieses Tal "Ge-Hinnom" (Tal-Hinnom) gab schliesslich dem Ort, wo die Gottlosen im Feuer ihre Strafe bekommen, den Namen: "Gehenna" (siehe Zeller, "Biblisches Handwörterbuch", Seite 347).

Das ausserhalb der Stadt Jerusalem liegende Tal Hinnom wurde als Sinnbild des zukünftigen Bestrafungsortes gewählt. Dies führt uns zu der Erkenntnis, dass die Bibel darunter das Feuer versteht, welches Gott nach den tausend Jahren auf dieser Erde anzünden wird, um die Gottlosen, die er zum Gericht auferweckt hat, zu bestrafen.

Die Bösen, d.h. in den Worten der Offenbarung "die anderen Toten", werden tausend Jahre nach der Wiederkunft Christi auferstehen, um ihre Strafe zu erhalten:

Die andern Toten aber wurden nicht wieder lebendig, bis die tausend Jahre vollendet wurden ...[14]

---

13 2. Chronik 28,1-3 14 Offenbarung 20,5

... sondern nichts als ein schreckliches Warten auf das Gericht und das gierige Feuer, das die Widersacher verzehren wird.[15]

Und der Tod und das Totenreich wurden in den Feuersee geworfen. Dies ist der zweite Tod, der Feuersee.[16]

Die Feigen aber und Ungläubigen und Frevler und Mörder und Unzüchtigen und Zauberer und Götzendiener und alle Lügner, deren Teil wird in dem Pfuhl sein, der mit Feuer und Schwefel brennt; das ist der zweite Tod.[17]

Der folgende Vers zeigt uns nochmals unmissverständlich, dass die Gottlosen am Ende vom Feuer verzehrt werden.

... Und es fiel Feuer vom Himmel und verzehrte sie.[18]

Dieses Feuergericht ist das, was die Bibel unter Gehenna (Hölle) versteht. In vielen Religionen gibt es die verschiedensten Vorstellungen über die Hölle; sie haben ebensowenig mit Gottes Wort zu tun wie jene Lehren, die sagen, es gebe keine Hölle.

Der zweite Tod, aus welchem es keine Auferstehung mehr gibt, wird die Erlösten nicht treffen.

...Wer überwindet, dem soll kein Leid geschehen von dem zweiten Tode.[19]

---

15 Hebräer 10,27
16 Offenbarung 20,14, Zürcher Übers.
17 Offenbarung 21,8
18 Offenbarung 20,9
19 Offenbarung 2,11

Selig ist der und heilig, der teilhat an der ersten Auferstehung. Über diese hat der zweite Tod keine Macht ...[20]

Eine Frage wollen wir in diesem Zusammenhang noch kurz anschneiden, nämlich, ob die Hölle in alle Ewigkeit weiterbrennen wird. Zur Abklärung des wirklichen Sachverhaltes ist es hilfreich, den hebräischen und griechischen Begriffen für "ewig", "Ewigkeit", "unauslöschlich" usw. in der biblischen Anwendung nachzugehen. Der hebräische Text des Alten Testamentes verwendet für "ewig" das Wort "olam" und das griechische Neue Testament den Ausdruck "aion", als Eigenschaftswort "aionios". In der ganzen Bibel kommen diese Wörter zusammen 541mal vor. Nach verschiedenen neutestamentlichen Wörterbüchern hat aion eine ganze Reihe von Bedeutungen. Aion und aionios stehen als Haupt- und Eigenschaftswort für folgende Zeitangaben: lange Zeit, Vorzeit, von alters her (Apostelgeschichte 15,18), niemals, nimmermehr, Abschluss (z.B. der Weltzeit, der Erntezeit), lebenslänglich, Generationen, nach der Art dieser Weltzeit, zukünftige Zeitalter, ständig, dauernd. Es folgen nun einige Beispiele, die uns den biblischen Gebrauch dieses Wortes verdeutlichen sollen:

Falls aber der Sklave etwa sagt: Ich liebe meinen Herrn, meine Frau und meine Kinder, ich will nicht als Freier ausziehen!, so soll ihn sein Herr vor Gott bringen und ihn an die Tür oder an den Türpfosten stellen, und sein Herr soll ihm das Ohr mit einem Pfriem durchbohren; dann soll er ihm für ewig dienen.[21]

---

20 Offenbarung 20,6

21 2. Mose 21,5.6, Elberfelder Bibel

Hier bedeutet "ewig" oder "für immer" ganz einfach "solange er lebt".

Nach 2. Mose 29,9 sollen Aaron und seine Söhne das Priestertum nach "ewiger" Ordnung ausführen. Doch der Opferdienst wurde durch Christus abgeschafft.

Auskunft über das Wort "ewig" gibt auch 5. Mose 23, 3:

> **Ein Ammoniter oder Moabiter darf nicht in die Versammlung des Herrn kommen; auch die zehnte Generation von ihnen darf nicht in die Versammlung des Herrn kommen, für ewig.**[22]

Sogar das zehnte Geschlecht soll "ewig" nicht in die Versammlung kommen. Die neue Lutherbibel gibt den Sinn treffend wieder: "... auch seine Nachkommenschaft bis ins zehnte Glied ..."

Die Mutter Samuels war entschlossen, ihren Sohn dem Dienste Gottes zu weihen. Ihrer Absicht gab sie Ausdruck mit den Worten:

> **Wenn der Knabe entwöhnt ist, will ich ihn bringen, dass er vor dem Herrn erscheine und dort für immer bleibe.**[23]

In der Lutherübersetzung von 1912 hiess es noch "und bleibe daselbst ewiglich". Im 28. Vers wird ganz klar ausgesprochen, was mit "immer" oder "ewiglich" gemeint ist: "Darum gebe ich ihn dem Herrn wieder sein Leben lang, weil er vom Herrn erbeten ist."

---

22 5. Mose 23,4, Elberfelder Bibel

23 1. Samuel 1,22

Als Jona vom grossen Fisch verschlungen worden war, betete er im Leibe dieses Tieres:

> **Ich sank hinunter zu der Berge Gründen, der Erde Riegel schlossen sich hinter mir ewiglich.**[24]

Schon im zweiten Teil des siebenten Verses drückt Jona die Erwartung aus, dass "ewiglich" nicht "für immer" bedeuten werde: "Aber du hast mein Leben aus dem Verderben geführt, Herr, mein Gott!"

Im biblisch-theologischen Handwörterbuch von Osterloh und Engelland heisst es dazu:

> **Das im griechischen Urtext des Neuen Testaments allermeist für Ewigkeit gebrauchte Wort "Aeon" bezeichnet im vorchristlichen Griechisch alles andere als die leere Ewigkeit. Für Grenzenlosigkeit hat das Griechische andere Begriffe ... die im Neuen Testament nur am Rande bzw. gar nicht gebraucht werden. Was ewig ist, braucht nicht endlos zu dauern - nicht einmal so lange die Welt besteht.**[25]

"Von Ewigkeit zu Ewigkeit" (Offenbarung 14,11; 20,10) bedeutet eine lange Zeit. Die Bibel sagt, dass ein Moment kommt, da Christus dem Teufel den Kopf zertreten wird (1. Mose 3,15). Der Verführer und alle Verführten werden das gleiche Schicksal erleiden, sie werden für ewig verderbt, vernichtet und ausgelöscht werden. Sie werden einmal so sein, wie wenn sie nie gewesen wären.

In Offenbarung 20,14 wird der "feurige Pfuhl" ausdrück-

---

24 Jona 2,7

25 Vandenhoek, Göttingen, 1959, Seite 131, 132

lich als der "zweite Tod" bezeichnet. Damit wird Vers 9 bestätigt, wonach das Feuer vom Himmel die Gottlosen verzehrt.

In diesem Zusammenhang wollen wir uns auch über Markus 9 einige Gedanken machen. Die Verse 44.46.48 sind aus Jesaja 66,24 entnommen und sagen, dass "der Wurm nicht sterben" und das "Feuer nicht verlöschen wird", d.h. solange noch Nahrung für Wurm und Feuer vorhanden ist. Mit dem Tal Hinnom war es auch so: Als die Stadt Jerusalem zerstört war, wurde kein Schutt und Unrat mehr ins Tal Hinnom hinausgeführt, das "aionische" oder "immerwährende" Feuer erlosch. So sind die Gehenna-Texte zu verstehen.

Die Städte Sodom und Gomorra sind ein anderes Beispiel für die Bestrafung mit dem "ewigen" Feuer (Judas 7). Und doch heisst es in 2. Petrus 2,6, dass Gott diese Städte "zu Asche" gemacht hat. Sie brennen also nicht mehr.

Nach dem Tode Josias verfiel Juda wieder dem Götzendienst. Der Prophet Jeremia warnte das Volk vor kommenden Strafgerichten Gottes und vor einem Feuer, das die Häuser Jerusalems verzehren sollte und das nicht gelöscht werden könnte (Jeremia 17,27). Niemand wird glauben, dass dieses unauslöschliche Feuer, welches die Stadt verzehrte, heute noch brennt.

Nach Matthäus 5,29 und 30 wird der "ganze Leib", also der ganze, unbussfertige Sünder, und nicht seine unsterbliche Seele in die Gehenna geworfen werden.

Laut Matthäus 10,28 kommen in der Gehenna Leib und Seele um.

Aus den Worten Jesu und den Aussagen der biblischen Propheten geht deutlich hervor, dass die Gottlosen nicht endlos leiden, sondern sterben werden. Wie Unkraut ausgejätet und verbrannt wird, so geht es auch mit den Unbussfertigen (Matthäus 13,40-42.49.50).

Deutlich wird dies auch durch eine Aussage Johannes des Täufers: "Aber die Spreu wird er verbrennen mit unauslöschlichem Feuer". (Matthäus 3,12.) Niemand kann der Gewalt dieses Feuers widerstehen; erst wenn es ganze Arbeit getan hat, erlischt es. Im höllischen Feuer bekommt jeder seine gerechte Strafe. Dann verbrennen die Bösen; sie erleiden den zweiten, den endgültigen Tod, aus dem es kein Erwachen mehr gibt.

Das letzte Kapitel des Alten Testamentes berichtet, dass die Gottlosen am Ende vollständig vernichtet und für immer ausgelöscht werden:

> **... es kommt ein Tag, der brennen soll wie ein Ofen. Da werden alle Verächter und Gottlosen Stroh sein, und der kommende Tag wird sie anzünden, spricht der Herr Zebaoth, und er wird ihnen weder Wurzel noch Zweig lassen. ... Ihr werdet die Gottlosen zertreten; denn sie sollen Staub unter euren Füssen werden an dem Tage, den ich machen will, spricht der Herr Zebaoth.**[26]

Der Zeitpunkt wird kommen, wo es kein Leid, kein Geschrei und keinen Schmerz mehr geben wird. Alle Spuren der Sünde werden ausgelöscht und vernichtet sein. Das Weltall ist rein von der Rebellion des Teufels.

---

26 Maleachi 3,18-21

Denn siehe, ich will einen neuen Himmel und eine neue Erde schaffen, dass man der vorigen nicht mehr gedenken und sie nicht mehr zu Herzen nehmen wird.[27]

Würde uns eine "ewig" brennende Hölle nicht beständig an die "vorige" Welt erinnern?

Was durch den ersten Adam zerstört wurde, wird durch den zweiten Adam, Jesus Christus, wiederhergestellt. Was durch die Sünde verlorenging, gibt Gott denen wieder zurück, die Jesus als ihren Herrn angenommen haben.

Die ersten zwei Kapitel der Bibel beschreiben die herrliche Schöpfung Gottes, bevor die Sünde ihren Einzug hielt. Die letzten zwei Kapitel der Bibel schildern, wie es sein wird, wenn alle Spuren der Sünde beseitigt sein werden und wenn alles so wiederhergestellt ist, wie Gott es ursprünglich geplant hatte.

... der Tod wird nicht mehr sein, noch Leid noch Geschrei noch Schmerz wird mehr sein; denn das Erste ist vergangen. Und der auf dem Thron sass, sprach: Siehe, ich mache alles neu![28]

Heute lässt Gott in seiner grossen Liebe noch die ermutigende Einladung an alle Menschen ergehen:

Und der Geist und die Braut sprechen: Komm! Und wer es hört, der spreche: Komm! Und wen dürstet, der komme; und wer da will, der nehme das Wasser des Lebens umsonst.[29]

---

27 Jesaja 65,17 28 Offenbarung 21,1.4.5 29 Offenbarung 22,17

7. Graphische Darstellung

Erster Teil dieser Arbeit graphisch dargestellt

A Eindeutige und unmissverständliche Bibeltexte über das Thema Tod und Auferstehung, Himmel und Hölle gibt es viele.

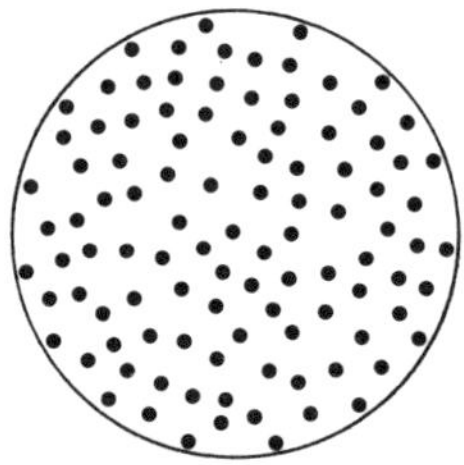

B Es gibt manche Texte, die durch eine richtige Übersetzung von Scheol, Hades, Ruach, Psyche, Aion usw. verständlich werden.

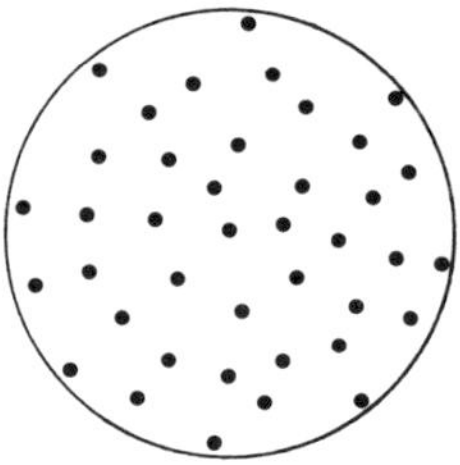

Ein wichtiger Grundsatz lautet: Schwer verständliche Bibelstellen müssen im Lichte gutverständlicher und eindeutiger Texte betrachtet werden. Es ist falsch, schwierige Verse so auszulegen, dass sie mit den unmissverständlichen und klaren Texten in Widerspruch geraten.

Zweiter Teil dieser Arbeit graphisch dargestellt

C Es gibt einige schwerverständliche Bibelstellen, die ein gründliches Studium erfordern, um sie richtig zu verstehen.

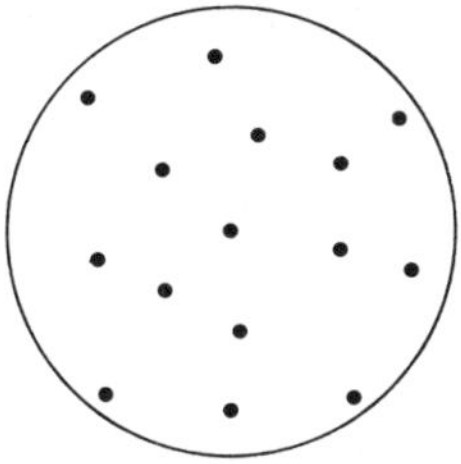

D Es gibt keine Bibeltexte, welche eindeutig das Gegenteil von A aussagen. Gäbe es solche Texte, würde die Bibel sich selbst widersprechen!

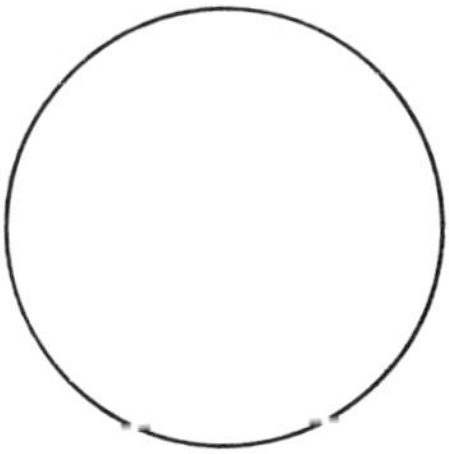

Manche Christen legen die Texte von C falsch aus, und dies so, dass sie scheinbar zu D passen. Zusammen mit heidnischen „Totenkulten", Spiritismus und „Sterbeerlebnissen" nicht Gestorbener versuchen sie, die klaren Aussagen der Bibel zu widerlegen.

2. Teil
Argumente gegen die biblische Lehre über den Tod und das Hernach

1. Totenkulte - Spiritismus - Sterbeerlebnisse

Vielen Menschen fällt es schwer, das zu akzeptieren, was Gott im Alten und im Neuen Testament über Tod und Auferstehung kundgetan hat. Den unmissverständlichen biblischen Aussagen werden die verschiedensten Argumente entgegengehalten, so dass sogar ernsthafte Christen verunsichert sind.

Für etliche sind die unzähligen heidnischen Totenkulte ein kräftiger Beweis für ein sofortiges Weiterleben nach dem Tod, obwohl es bei den heidnischen Völkern kaum deren zwei gibt, die im Blick auf die Vorstellung eines zukünftigen Lebens die gleiche Ansicht vertreten.

Da liest man von den heidnischen Beschwörungsriten - von den westafrikanischen Häuptlingen, deren Frauen und Sklaven beim Tode des Häuptlings umgebracht wurden, weil sie diese in ihrer Totenwelt benötigten - von indianischen Totenbräuchen - von den Ägyptern, welche die ersten gewesen seien, welche die Unsterblichkeit der Seele gelehrt haben - von der Seelenwanderungslehre - von den Babyloniern, die den Toten Nahrungsmittel mitgaben - von persischen Totenpraktiken - von den Griechen, die wie kein anderes Volk, in der Welt des Geistes tiefe Spuren hinterliessen - von Sokrates, der im Glauben an die Unsterblichkeit mit Freuden den Giftbecher trank und so Selbstmord beging - von Totenkulten der Ureinwohner Zentralafrikas - vom Kult der japanischen Buddhisten usw.

In diesen zum Teil schrecklichen heidnischen Bräuchen glauben viele einen Beweis dafür zu sehen, dass der Mensch eine unsterbliche Seele besitze.

Für andere sind es die Totenerscheinungen im Spiritismus oder die "Sterbeerlebnisse" nicht gestorbener Menschen, die sie bestärken, am Glauben an ein sofortiges Weiterleben nach dem Tode festzuhalten.

Für alle diese Lehren gilt das, was Gott warnend sagte:

> **Wenn du in das Land kommst, das dir der Herr, dein Gott, geben wird, so sollst du nicht lernen, die Greuel dieser Völker zu tun, dass nicht jemand unter dir gefunden werde, der seinen Sohn oder seine Tochter durchs Feuer gehen lässt oder Wahrsagerei, Hellseherei, geheime Künste oder Zauberei treibt oder Bannungen oder Geisterbeschwörungen oder Zeichendeuterei vornimmt oder die Toten befragt. Denn wer das tut, der ist dem Herrn ein Greuel, und um solcher Greuel willen vertreibt der Herr, dein Gott, die Völker vor dir.**[1]

---

1 5. Mose 18,9-12

2. Die Bibel wird für falsche Lehren eingespannt

Für die Behauptung, die Bibel lehre ein sofortiges Weiterleben nach dem Tode, werden eine Anzahl Bibelstellen herangezogen. In Wirklichkeit stehen aber diese Textstellen gar nicht im Widerspruch zu jenen vielen Bibelstellen, die besagen, dass der Mensch im Tode unbewusst ist und dass einzig und allein durch die Auferstehung ein Leben nach dem Tod möglich wird.

Wie wir sehen werden, sind einige der angeführten Stellen wirklich nicht sehr leicht zu verstehen. Erschwert wird die Situation für den Leser noch dadurch, dass die Übersetzer in manchen Bibeln unzutreffende Überschriften und Kommentare zu den Texten geschrieben haben. Kommentare können sehr hilfreich sein, aber nur solange sie nicht im Widerspruch zu dem stehen, was die Schreiber der Bibel sagen wollten.

Es ist unser Bestreben, die Erklärung der am häufigsten missbräuchlich verwendeten Bibelstellen so knapp wie möglich zu halten.

Beginnen wir mit einer bekannten Stelle aus dem Alten Testament.

1. Samuel 28: Saul bei der Totenbeschwörerin in Endor.

In Missachtung des ausdrücklichen Verbotes Gottes

(5. Mose 18,9-13), besuchte Saul die Totenbeschwörerin zu Endor. Er handelte so, weil ihm Gott wegen seines Abfalls keine Antwort mehr gab, auch nicht durch Propheten.

Der Broterwerb dieser Wahrsagerin bestand darin, angeblich "Tote" zu rufen und sie dann zu befragen. Gott hatte solche Versuche ausdrücklich verboten, weil dabei nicht Verstorbene erscheinen und Antwort geben, sondern satanische Engel ihr Unwesen treiben. Letztere erscheinen in der Gestalt von Verstorbenen und üben auf diese Weise einen gewaltigen Einfluss auf jene aus, die glauben, es handle sich dabei wirklich um Verstorbene.

Das Erlebnis Sauls bei der Totenbeschwörerin zu Endor gibt Anlass zu einigen Fragen. Der biblische Bericht sagt: "Der Herr antwortete ihm [Saul] nicht, weder durch Träume noch durch das Los 'Licht' noch durch Propheten." (1. Samuel 28,6.) Wenn nun Gott ihm nicht mehr antwortete, wer war es dann, der durch die Wahrsagerin Saul Antwort gab? Wenn kein Prophet mehr antwortete, kann es dann der verstorbene Prophet Samuel gewesen sein? Hätte die Wahrsagerin die Macht haben können, von einem verstorbenen Gottesmann die Antwort herbeizubeschwören, die Gott nicht zu geben gewillt war? Und hätte sich Samuel - wenn er tatsächlich zu den Lebenden zurückgekehrt wäre - in den Dienst einer verbotenen Totenbeschwörerin einspannen lassen - gerade jener Samuel, der jede Form von Ungehorsam als eine Art gottesfeindliche Zauberei ansah (1. Samuel 15,23)?

Wenn aber die Antwort, die Saul erhielt, weder von Gott noch von einem Propheten herkam, dann stammte sie entweder von der Wahrsagerin selber oder von bösen, satanischen Mächten.

Anhand des biblischen Berichtes können wir erkennen, dass in diesem Falle die Frau nur als Medium diente, der Sprecher aber war ein böser Geist oder sogar der Teufel persönlich. Wie damals, wendet Satan auch heute seine ganze List an, um Menschen zu verführen. Wenn er so in Erscheinung tritt wie in Endor, hat er auch heute bei den Menschen grossen Erfolg. "... es sind Geister von Teufeln, die tun Zeichen und gehen aus zu den Königen der ganzen Welt, sie zu versammeln zum Kampf am grossen Tag Gottes, des Allmächtigen." (Offenbarung 16,14.) "... Der Böse aber wird in der Macht des Satans auftreten mit grosser Kraft und lügenhaften Zeichen und Wundern und mit jeglicher Verführung zur Ungerechtigkeit bei denen, die verloren werden, weil sie die Liebe zur Wahrheit nicht angenommen haben, dass sie gerettet würden." (2. Thessalonicher 2,9.10.) "Zieht an die Waffenrüstung Gottes, damit ihr bestehen könnt gegen die listigen Anschläge des Teufels. Denn wir haben nicht mit Fleisch und Blut zu kämpfen, sondern mit Mächtigen und Gewaltigen, nämlich mit den Herren der Welt, die in dieser Finsternis herrschen, mit den bösen Geistern unter dem Himmel." (Epheser 6,11.12.)

Gespräche, wie sie bei der Totenbeschwörerin zu Endor geführt wurden, werden auch heutzutage millionenfach in aller Welt geführt. Eines haben sie alle gemeinsam, nämlich, dass die angeblichen Sprecher aus dem "Jenseits" immer dieselben sind: Satan und seine Engel.

1. Korinther 15,29: Taufe für die Toten?

In einer Aussprache zum Thema Unsterblichkeit der Seele verteidigten zwei Männer hartnäckig ihre Theorie.

Schliesslich sahen sie ein, dass ihre Lehre im Widerspruch zu vielen Schriftworten stand. Dann machten sie genau das, was so viele tun, die unbiblische Lehren vertreten. Statt ihre Ideen von der Bibel korrigieren zu lassen, blieben sie viel lieber bei ihrer eigenen Meinung. Der Einwand jener Männer lautete: "In der Bibel gibt es sowieso viele Widersprüche, darum kann man sich auf sie nicht verlassen." Auf die Bitte, einen solchen Widerspruch zu nennen, kam ganz spontan ein Text aus dem Korintherbrief: "Was soll es sonst, dass sich einige für die Toten taufen lassen? Wenn die Toten gar nicht auferstehen, was lassen sie sich dann für sie taufen?" (1. Korinther 15,29.)

Beim ersten oberflächlichen Lesen des Textes mag man den Eindruck gewinnen, in Korinth hätte man lebende Menschen anstelle von längst verstorbenen getauft. Eine solche stellvertretende Taufe durch die Apostel wäre aber ein gewaltiger Widerspruch zu ihrer eigenen Verkündigung gewesen.

Es ist zudem bis heute ungeklärt, ob es zur Zeit der Abfassung des 1. Korintherbriefes überhaupt eine solche Praxis gab. Später, etwa in der Mitte des zweiten Jahrhunderts, wird vom Kirchenvater Tertullian eine derartige Handlung bei den Marcioniten erwähnt. Ebenfalls unklar ist auch, ob sich diese Leute dabei auf 1. Korinther 15,29 berufen haben. Es ist vielmehr anzunehmen, dass heidnisches Denken zu dieser mit der Bibel im Widerspruch stehenden Praxis geführt hat.

Nach den Aussagen der Bibel ist es ganz klar, dass die Entscheidung zwischen Gut und Böse in diesem irdischen Leben erfolgen muss. Weder im Leben und schon gar nicht nach dem Tod kann ein Mensch einem anderen seine

Gerechtigkeit, aber auch nicht seine Schuld, übertragen (Psalm 49,8.9; Hesekiel 14,14.16).

Was machen wir nun mit 1. Korinther 15,29? Sehen wir uns den Text zuerst einmal in seinem Zusammenhang an. In den Versen 12-19 und 19-32 sagt der Apostel Paulus, wie es wäre, wenn es keine Auferstehung gäbe.

Wenn es keine Auferstehung gäbe,

- so wäre auch Christus nicht auferstanden	Vers 13
- so wäre die apostolische Predigt vergeblich	Vers 14
- so wäre der Glaube der Korinther vergeblich	Vers 14
- dann wären die Apostel falsche Zeugen	Vers 15
- so wäre auch Christus nicht auferstanden	Vers 16
- so wäre der Glaube der Korinther nichtig	Vers 17
- so wären die Korinther noch in ihren Sünden	Vers 17
- Verloren wären die in Christus Entschlafenen	Vers 18
- so wären Christen die elendesten Menschen	Vers 19
- so wäre die Taufe nur für die Toten	Vers 29
- warum in Lebensgefahr stehen?	Vers 30
- warum kämpfen wie mit "wilden Tieren"?	Vers 32

Die Schlussfolgerung ist eindeutig: "Wenn die Toten nicht auferstehen, dann lasst uns essen und trinken; denn morgen sind wir tot!" (Vers 32.)

Der Apostel Paulus stellte sich die berechtigte Frage, was die denn machen, die sich taufen lassen, wenn es keine Auferstehung gibt. Ohne Auferstehungshoffnung wäre die Taufe wirklich nur für die Toten. Sich taufen lassen, um nachher immer tot zu sein, was hätte das für einen Sinn?

Manche Theologen sehen die Lösung dieses schwierigen Textes anders als eben erklärt. Sie glauben, Paulus könnte unter dem Begriff "Taufe" die "Leidenstaufe" der Apostel und Verkündiger gemeint haben. Nach Matthäus 20,22 und Lukas 12,50 besteht tatsächlich die Möglichkeit, es auch so zu sehen. Einige Apostel haben sich bei der Verkündigung des Evangeliums an ihre Mitmenschen, die von Jesus als geistlich "Tote" bezeichnet werden (Matthäus 8,22) allen erdenklichen Leiden, d.h. der "Leidenstaufe" ausgesetzt.

Eine heute verständliche Übertragung des Textes könnte folgendermassen aussehen: "Wenn es keine Auferstehung von den Toten gibt, was machen dann die Verkündiger des Evangeliums, die, im Einsatz für ihre Mitmenschen die ja ohnehin zum Sterben bestimmt sind beständig und mutig dem Tode begegnen?"

Der nun folgende Textabschnitt, zitiert aus der revidierten Elberfelder Bibel, lässt sich ohne Mühe im obigen Sinn lesen. Man beachte dazu die von mir eingesetzten Erklärungen in den eckigen Klammern. "Was werden sonst die [Verkündiger des Evangeliums] tun, die sich für die Toten [Menschen, die geistlich tot sind] taufen lassen [d.h., sich Leiden und Gefahren der Leidenstaufe aussetzen]? Wenn überhaupt Tote nicht auferweckt werden, warum lassen sie [die Verkünder] sich dann für sie [die geistlich Toten] [durch Leiden] taufen? Warum sind auch wir jede Stunde in Gefahr?" (1. Korinther 15,29.30.)

Damals, zur Zeit der Urgemeinde, war das Bekenntnis zum Christentum schnell einmal mit dem Wagnis zum Martyrium verbunden. Wer sollte da sein Leben wagen, wenn es keine Auferstehung von den Toten gibt? Dann wäre jeder Einsatz für die Verkündigung des Evangeliums vergeudete Energie.

1. Petrus 3,18-20: Jesus predigt den "Geistern im Gefängnis".

Zuerst einmal müssen wir davon ausgehen, dass sich Christus während der gesamten Geschichte dieser Welt um das Heil der Menschen bemüht hat. Im Geist hat er also schon zur Zeit Noahs für die in Sünde "gefangenen" Menschen gewirkt, doch nur acht Personen haben sich retten lassen.

In 1. Petrus 1,10.11 spricht der Apostel ganz deutlich vom Wirken des Geistes Christi durch die Propheten in alttestamentlicher Zeit (siehe auch Hebräer 4,2). Jesus hat also zur Zeit Noahs, zur Zeit Moses (1. Korinther 10,4) und auch während der ganzen alttestamentlichen Geschichte sein Volk geleitet.

"Die Geister im Gefängnis" zur Zeit Noahs waren also genauso Menschen wie die acht geretteten Personen (Seelen). Es ist keinesfalls die Rede von Geistern im Sinne von leiblosen Gestalten. Wir sprechen ja auch heute von "grossen Geistern", von "unruhigen Geistern" oder von "Plagegeistern" und bezeichnen damit einfach verschiedenartige Menschen und nicht etwa "Seelen", die den Körper verlassen haben. Den Menschen, die vor der Sintflut lebten, wurde gepredigt. Ihr Geist wollte sich aber von Gottes Geist nicht zum Guten führen lassen. Sie waren geistig gebundene Menschen, deshalb werden sie "Geister im Gefängnis" genannt. Hier geht es um das Gefängnis der Sünde und des Unglaubens. So wie Christus, als er auf Erden war, den "Gefangenen" verkündigte, "dass sie frei" und den "Zerschlagenen, dass sie frei und ledig sein sollen", so hatte er durch die Predigt Noahs versucht, die vorsintflutlichen Menschen aus dem Gefängnis der Sünde zu befreien (Vergleiche Jesaja 61,1.2 mit Lukas 4,18.19).

Die Verse in 1. Petrus 3,18-20 sagen nichts über den Zustand der verstorbenen Menschen zwischen Tod und Auferstehung aus. Noch kann man daraus die Hoffnung ableiten, nach dem Tode eine weitere Gelegenheit zur Umkehr zu finden.

Den toten Menschen wurde, als sie zur Zeit Noahs lebten, das Evangelium verkündigt (1. Petrus 4,6). Die Stunde, in der alle Gottlosen miteinander zum Gericht auferstehen werden, steht noch bevor. Auf Grund der Entscheidung, welche die Menschen auf die Predigt Noahs hin trafen, werden auch sie einmal gerichtet werden.

Noah hat nicht einfach von sich aus gepredigt, sondern das gesagt, was ihm der Geist eingab. Es war der gleiche Geist, durch welchen Gott, der Vater, Jahrtausende später Christus aus dem Tode auferweckt hat. Dieser Geist wird nicht nur Geist Gottes, sondern auch Geist Christi und Heiliger Geist genannt.

In 1. Mose 6 und 7 sowie in 1. Petrus 3,18-20 wird die traurige Feststellung gemacht, dass nur acht Menschen zur Zeit der Sintflut auf die Stimme des Heiligen Geistes hörten.

JOHANNES 11,25.26: "... DER WIRD LEBEN, AUCH WENN ER STIRBT."

Jesus sagte nicht: Wer an mich glaubt, der lebt weiter, auch wenn er stirbt, sondern "wer an mich glaubt, der wird leben, auch wenn er stirbt" (Johannes 11,25).

Sagen wir es mit anderen Worten: Wer an mich glaubt,

soll, auch wenn er stirbt, auferweckt werden und hernach leben.

Dann fuhr Jesus fort und sagte: "Und wer da lebt und glaubt an mich, der wird nimmermehr sterben." (Johannes 11,26.)

Im Grundtext heisst es hier: "Der wird keinesfalls sterben für den 'Aeon'". "Aeon" ist ein vielschichtiger griechischer Begriff. Er steht für "lange Zeit" oder "Ewigkeit" und zwar mit dem Blick auf die Vergangenheit wie auch auf die Zukunft. Er kann aber auch die gegenwärtige Weltzeit oder die räumliche Welt beschreiben.

An dieser Stelle müssen wir die Aussage Jesu in Vers 26 im Zusammenhang mit Vers 25 als zeitliche Grösse verstehen. Wer an Christus glaubt, der wird an der Auferstehung teilnehmen, auch wenn er hier auf Erden sterben muss. Wenn er aber einmal das ewige Leben erhalten hat, wird er niemals mehr sterben müssen. Dieses ewige Leben steht in krassem Gegensatz zu dem Leben, das die Gottlosen bei ihrer Auferstehung erhalten. Sie werden wohl auferstehen, dann aber ein zweites Mal sterben (siehe Offenbarung 2,11; 20,6). Der gleiche Gedanke liegt auch folgender Aussage Jesu zugrunde: "Wahrlich, wahrlich, ich sage euch: Wer mein Wort hält, der wird den Tod nicht sehen in Ewigkeit." (Johannes 8,51.)

Wer das glaubt, was Marta zum Ausdruck brachte, weiss, dass der Tod nicht das Letzte ist, sondern es gibt eine zukünftige Auferstehung: "Marta spricht zu ihm: Ich weiss wohl, dass er auferstehen wird - bei der Auferstehung am Jüngsten Tage." (Johannes 11,24.)

Philipper 1,20-25: "Ich habe Lust, abzuscheiden..."

Im Philipperbrief kommt der Apostel Paulus wiederholt auf die Wiederkunft Christi zu sprechen, bei welcher die Auferstehung und die Verklärung (Verwandlung) der Gläubigen stattfindet (Philipper 1,6.10: 3,10.11.14.20.21).

Um des Evangeliums willen war der Apostel im Gefängnis und sah seiner Verurteilung entgegen. Wer ist erstaunt, dass Paulus sich fragt, was für ihn und das Evangelium besser sei, Leben oder Tod? Wer weiss, wie ein römisches Gefängnis damals aussah und welche Beschwernisse der Apostel zu tragen hatte, der versteht, dass der nun schon betagte Apostel lieber gestorben wäre. Trotzdem richtete Paulus seine Hoffnung nicht auf den Tod, sondern auf die Auferstehung aus dem Tode. Wir wissen, dass Paulus diese Auferstehung bei der Wiederkunft Jesu erwartete (1. Thessalonicher 4,13-18). Ob ein Mensch 14 Tage tot ist und ein anderer tausend Jahre, für beide ist die Zeit zwischen Tod und Auferstehung gleich lang, weil man im Tode nichts weiss. Das nächste Ereignis nach dem Sterben ist die Auferstehung. Martin Luther hat das so ausgedrückt: "Alsbald uns die Augen zufallen und wir ins Grab verscharrt werden, werden wir wieder auferweckt. Denn tausend Jahre werden für uns sein, eben als hätten wir nur eine halbe Stunde im Grabe geschlafen. Wenn wir des Nachts schlafen, so hören wir keinen Zeiger (Uhr) und wissen nicht die Zeit und Stunde, wie lange wir geschlafen haben. Widerfährt uns nun solches im Schlaf, vielmehr wird's uns im Tode widerfahren; tausend Jahre werden hinweg sein wie ein Nachtschlaf." (Martin Luther: Zitiert von Th. Traub: "Von den letzten Dingen", Seite 65. Quell-Verlag der Evangelischen Gesellschaft, Stuttgart, 1928.)

Was sollte der Apostel Paulus wählen, wenn er hätte wählen können? Leben oder Tod (Vers 22)? Bei dieser Überlegung wird ihm so recht bewusst, wie schwer eine solche Entscheidung wäre. Er erklärt seinen Briefempfängern: "Beides setzt mir hart zu." Er weiss nicht, für welche Lösung er sich entscheiden würde, wenn die Entscheidung bei ihm läge. Darum bricht in ihm das durch, was er am liebsten hätte: "Ich habe Lust abzuscheiden und bei Christus zu sein, was auch viel besser wäre." Der Apostel denkt aber nicht nur an sich, sondern vor allem an das Wohl der Gemeinde. Er weiss, dass diese noch seiner Hilfe bedarf. Und so stellt er in seiner Zwiesprache mit sich selbst die eigenen Interessen zurück. Er kommt zur Überzeugung, dass es besser ist, weiterzuleben, als schon zu sterben. Sollte er aber sterben müssen, so weiss er, dass er bei der Wiederkunft Jesu mit einem neuen Leib auferweckt wird, um zusammen mit vielen anderen Gläubigen die "Krone der Gerechtigkeit" (2. Timotheus 4,7.8) zu empfangen. Bei all diesen Überlegungen ist sich der Apostel Paulus aber immer bewusst, dass er ja selber gar nicht entscheiden kann, sondern dass Leben und Sterben in Gottes Hand liegen.

LUKAS 20,27-40: GOTT IST NICHT EIN GOTT DER TOTEN.

Für Gott ist das Aufwecken Toter ebensowenig ein Problem wie für uns das Wecken eines normal schlafenden Menschen. In diesem Zusammenhang ist die Antwort Jesu an die Sadduzäer, die gehofft hatten, ihn mit einer Frage über die Auferstehung in Verlegenheit zu bringen, zu beachten. Nach Matthäus 22,23-33, Markus 12,18-27 und Lukas 20,27-40 behaupteten die Sadduzäer, "es gebe keine Auferstehung". Bevor Jesus auf ihre Frage näher einging, sagte er den Sadduzäern, worin ihr Problem bestand: "Ihr irrt weil ihr weder die Schrift noch die Kraft Gottes kennt." (Matthäus 22,29.) Es ging in erster Linie darum, dass ihnen der Glaube an die Kraft Gottes, Tote zu auferwecken, fehlte. Ihre irrige Vorstellung korrigierte Jesus mit den Worten: "Denn in der Auferstehung werden sie weder heiraten noch sich heiraten lassen, sondern sie sind wie Engel im Himmel." (Matthäus 22,30.) Nach der Auferstehung "können sie hinfort auch nicht sterben ... weil sie Kinder der Auferstehung sind". (Lukas 20,36.) Es handelt sich hier um die Auferstehung derer, die Unsterblichkeit erlangen und ewig leben werden.

Auch in diesem Zusammenhang erwähnt Jesus keinen bewussten Zustand zwischen Tod und Auferstehung; für ihn gibt es nur den Tod und dann die Auferstehung. Nach seiner ersten Antwort auf die Frage der Sadduzäer ging Jesus dazu über, ihnen zu zeigen, dass schon der von ihnen hoch verehrte Moses an die Auferstehung geglaubt hatte. Diese Erklärung wird von Lukas mit den Worten eingeleitet: "Dass aber die Toten auferstehen, darauf hat auch Mose gedeutet beim Dornbusch." (Lukas 20,37.) Alles, was nun folgt, bezog sich nach Jesu Worten auf die Auferstehung, und nicht auf ein Weiterleben nach dem Tode. Die Aussage: Ich bin der "Gott Abrahams und der Gott Isaaks und der Gott Jakobs" und "Gott aber ist nicht ein Gott der Toten, sondern der Lebenden" ... (Lukas 20,38), gilt gemäss der ausdrücklichen Erklärung Jesu für die Auferstehung. Daran ändert auch der Nachsatz bei Lukas "denn ihm leben sie alle" nichts. Dieser Satz will vielmehr unterstreichen, was Jesus den Sadduzäern von der "Kraft Gottes" gesagt hatte (Matthäus 22,29).

Hätten Abraham, Isaak und Jakob zur Zeit Jesu tatsächlich

gelebt, dann hätten sie dies dem Eingreifen göttlicher Kraft, also einer Auferstehung, zu verdanken gehabt. Und wenn sie dereinst wieder leben werden, dann dank der Auferstehung bei Jesu Wiederkunft. "Denn ihm leben sie alle" ist nicht eine Aussage über die Verstorbenen, sondern über Gott. Gott kann von Dingen, die er für zukünftige Zeiten vorgesehen und bestimmt hat, so reden, als wenn sie bereits geschehen wären. Gott kann Dinge ins Dasein rufen, die noch nicht bestehen, und er kann von dem Nichtbestehenden reden, als wenn es schon bestünde.

Luther sagte in seiner Trauerrede bei der Bestattung von Kurfürst Johannes zu Sachsen: "Die Christen sollen nicht tote Leute heissen, sondern schlafende, und der Tod soll hinfort nicht mehr Tod, sondern Schlaf heissen und so ein tiefer Schlaf, da einem nichts innen träume." Ebenfalls von Luther stammt folgende Aussage: "Für uns heisst's und ist's ein Tod, wenn wir sterben, aber vor Gott ist's so ein leiser Schlaf, dass er nicht leiser sein könnte." (Zitiert von Prälat Dr. Th. Traub.)

2. Korinther 5,1-10: Entkleidet - Überkleidet.

Der Apostel Paulus, der von Beruf Zeltmacher war, vergleicht seinen Leib mit einer Hütte oder einem Zelt, welches einmal abgebrochen werden wird. Er ist sich aber bewusst, dass dieser Abbruch nicht das Ende ist, sondern dass Gott ihm durch die Auferstehung ein Haus geben wird, welches nie mehr zerfällt.

In diesem Zusammenhang kommt der Apostel auf eines seiner Lieblingsthemen zu sprechen. Paulus lebt in der Naherwartung der Wiederkunft Jesu. Er sehnt sich nach

Jesu Rückkehr und hofft, dass sie bald stattfinden wird. Er weiss, dass die bei der Wiederkunft Jesu lebenden Gläubigen nicht sterben müssen, sondern die Verwandlung erleben dürfen. Wäre Jesus zu Lebzeiten des Apostels Paulus wiedergekommen, hätte das bedeutet, dass die "Hütte" nicht abgebrochen (Paulus hätte nicht sterben müssen), sondern dass die "Hütte" überkleidet worden wäre (Paulus wäre bei Jesu Wiederkunft verwandelt worden) (1. Thessalonicher 4,16-18; 1. Korinther 15,52.53).

Herrlich war für den Apostel der Gedanke, einmal nicht mehr in der "alten Hütte" leben zu müssen. Dass er sich so sehr nach der Wiederkunft Christi sehnte, ist noch verständlicher, wenn man bedenkt, was dieser Apostel um des Glaubens willen an Entbehrungen, Verfolgungen und Ungemach erlitten hat. Wenn jemand so viele Strapazen und Nöte wie Paulus durchmachen muss, dann hinterlässt dies unweigerlich Spuren. Für den Apostel hatten diese Beschwerden zwei ganz verschiedene Auswirkungen: der äussere Mensch nahm an Kraft und Gesundheit ab, doch der innere nahm an Stärke zu. Sein Glaube wuchs durch Erfahrungen zu einem unerschütterlichen Vertrauen an die Macht und Liebe Gottes (2. Korinther 4,16).

Lukas 16,19-31: Reicher Mann, armer Lazarus.

Das 16. Kapitel im Lukasevangelium hat schon viel Kopfzerbrechen verursacht. Dies besonders deshalb, weil nicht beachtet wurde, dass es sich hierbei um Gleichnisse handelt.

Christus kam bei der Schilderung des Lebens vom reichen Mann und armen Lazarus, wie auch in anderen Gleichnissen, der Vorstellungswelt seiner Zuhörer entgegen. Über die volkstümlichen Anschauungen jener Zeit berichtet uns der im ersten Jahrhundert lebende Geschichtsschreiber Josephus Flavius:

"Im Hades werden die Seelen der Gerechten und Ungerechten aufbewahrt. Der Hades ist ein nicht näher bestimmbarer Ort in dieser Welt, eine unterirdische Region, wo das Licht dieser Welt nicht hinscheint ... Es gibt einen Zugang zu dieser Region an dessen Tor ein Erzengel mit einer Schar Engel steht. Alle werden von den Engeln, die für Seelen verantwortlich sind, hinunterbegleitet, aber nicht alle gehen denselben Weg. Die Gerechten werden von Engelsliedern begleitet nach rechts zur Region des Lichtes geleitet, wo die Gerechten seit Anbeginn der Welt wohnen ... Sie sehen die immer lächelnden Antlitze der Väter und Gerechten, während sie die Ruhe und das ewige, neue Leben im Himmel erwarten, welcher dieser Region folgen wird. Diesen Ort nennen wir den Schoss Abrahams. Die Ungerechten aber werden von den Engeln der Strafe zur Linken hinuntergezerrt. Sie gehen nicht freiwillig, sondern wie Gefangene müssen sie mit Gewalt getrieben werden. Die Engel, die ihnen zugeteilt sind, schelten sie und drohen ihnen mit ihren schrecklichen Grimassen und stossen sie immer tiefer. Diese Engel, die über diese Seelen gesetzt sind, ziehen sie bis in die Nähe der Hölle. Wenn sie dann dort sind, hören sie ständig den Lärm der Hölle und verspüren deren heisse Dämpfe. Wenn sie näher hinsehen, erblicken sie ein furchtbares und sehr grosses Feuer, das sie erwartet ... Dazu kommt noch, dass sie auch den Ort der Väter und der Gerechten sehen und dadurch gestraft werden, denn es gibt eine tiefe und weite Kluft zwischen ihnen, so dass sogar ein Gerechter, der Mitleid mit ihnen hat, diese Kluft nicht überschreiten kann. Und auch ein Ungerechter, selbst wenn er noch so tapfer wäre und es versuchen wollte, die Kluft nicht überschreiten kann." (The Works of Josephus. Translated by William Whiston [Peabody, Ma.: Hendrickson Publishers, 1987].)

Christus bediente sich also einer in der damaligen Zeit verbreiteten, nicht biblischen Vorstellung, um seinen Zuhörern etwas sehr Wichtiges klar zu machen: Niemand wird nach seinem Besitz, der ja ohnehin nur eine Leihgabe Gottes ist, eingeschätzt, und der in dieser Welt Reiche wird ohne Gott einmal arm und elend sein.

Nachdem Jesus in Lukas 16 das Gleichnis vom ungerechten Haushalter erzählt hatte, heisst es in Vers 14: "Das alles hörten die Pharisäer. Die waren geldgierig und spotteten über ihn." In Vers 15 heisst es dann weiter: "... Gott kennt eure Herzen; denn was hoch ist bei den Menschen, das ist ein Greuel vor Gott."

Und nun erzählt Jesus ihnen das Gleichnis vom reichen Mann und armen Lazarus. Wer es genau liest bemerkt, dass sowohl Lazarus als auch der Reiche ihre Leiblichkeit besitzen. Sie können sich gegenseitig sehen. Die Elemente Feuer und Wasser sind vorhanden und die Schmerzen des Reichen sind körperlicher Art.

Da es sich bei dieser Schilderung um ein Gleichnis handelt, ist es nicht erlaubt, jedes Element wörtlich zu deuten. Es dennoch zu tun widerspräche einem wichtigen Auslegungsprinzip für Gleichnisse. Die Bilder in den Gleichnissen sind oft nur Illustrationen ohne eigene Lehraussage, man denke z.B. an die alttestamentliche Rede Jotams, in der die Bäume miteinander sprechen (Richter 9,7-15).

Der Arme starb. Von seinem Begräbnis hört man nichts. Als hingegen der Reiche starb, da wurde er "begraben". Heute würde man sagen: ein Begräbnis mit grossem Geleit, einem riesigen Berg Blumen und herzergreifenden Abschiedsreden.

Beim Tode der beiden Personen des Gleichnisses zeigte sich ein letztes Mal die schreckliche Ungerechtigkeit unserer Welt. Doch nun wendet Jesus in seiner Gleichnisrede das Blatt.

Bei Jesu Wiederkunft werden viele solche Lazarusse, die in ihrem Leben viel Ungerechtigkeit erlitten haben, auferweckt, von den Engeln gesammelt und in Gottes Reich genommen. Mit Abraham werden sie sich dann im Reiche Gottes freuen. Solche Reiche, wie der Mann im Gleichnis, werden auch einmal auferstehen, doch nicht, um Glück und Freude zu erleben, sondern, um für ihren gottlosen Wandel im Feuer bestraft zu werden.

Jesus begnügt sich nicht damit, durch ein Gleichnis den geizigen und stolzen Pharisäern zu sagen, dass sich das Blatt einmal wenden wird und dass weltliches Ansehen und Reichtum einst nichts mehr nützen werden. Er zeigt ihnen ausserdem auf eindrückliche Art, dass es nach dem Tode keine Bekehrungsmöglichkeit mehr gibt. In diesem Leben entscheidet sich, ob wir an der Auferstehung zum Leben oder an der Auferstehung zum Gericht teilhaben werden.

Dann will Jesus den Pharisäern noch eine Lehre erteilen. Er sagt ihnen, sie seien dem Worte Gottes gegenüber blind, sie seien so verstockt, dass sogar das grösste Wunder ihre Verstockung nicht mehr lösen würde. Wenn sogar jemand von den Toten auferstehen würde, um sie vor den Folgen des bösen Wandels zu warnen, würde das ihre harten Herzen auch nicht berühren. Und genau das geschah kurze Zeit später, als Lazarus, der Bruder von Maria und Marta, auferweckt wurde. Bei den Pharisäern hatte dieses Wunder nur die Wirkung, dass sie Jesus und Lazarus töten wollten (Johannes 11,53; 12,10). Und was änderte sich an ihrer Einstellung, als Jesus vom Tode auferweckt wurde? Mit einer Lüge versuchten sie, die Wahrheit zu verbergen (Matthäus 28,11-15).

Fassen wir die Lehren aus diesem Gleichnis kurz zusammen:

1. Gott beurteilt Reiche und Arme anders, als wir.
2. Geiz und Hochmut werden scharf verurteilt.
3. Im Gericht wird Gott ausgleichende Gerechtigkeit üben.
4. Der Vorteil des Reichtums ist von kurzer Dauer.
5. Nach dem Tode gibt es keine Bekehrungsmöglichkeit mehr.
6. Das Zeugnis der Heiligen Schrift ist zum Heil ausreichend.
7. Ganz wichtig: Das Gleichnis will keinerlei Aussagen über die Zeit zwischen Tod und Auferstehung machen.

Wir tun gut, wenn wir die Lehren aus diesem Gleichnis beherzigen. Auch unser ewiges Schicksal wird im gegenwärtigen Leben entschieden, denn eine zweite Gnadenzeit gibt es nicht.

Matthäus 17,1-8: Auf dem Verklärungsberg.

Nach dem Bericht, den wir Lukas verdanken, ging Jesus mit Petrus und Johannes auf den Berg, um dort zu beten.

Während des Betens wurde das Angesicht Jesu verklärt (Lukas 9,28.29). Mose und Elia, welche erschienen, werden ausdrücklich als Männer bezeichnet, nicht etwa als Geister. Wie war es möglich, dass Mose und Elia auf dem Verklärungsberg erscheinen konnten? Mit diesen beiden Männern hatte Gott einen ganz besonderen Plan. Mose und Elia stellen die beiden Hauptklassen der Erlösten dar: Elia, der nicht starb, sondern direkt in den Himmel genommen wurde (2. Könige 2,11.12), stellt jene Gotteskinder dar, die bis zur Wiederkunft Christi am Leben bleiben und verwandelt werden; Mose aber, der starb, später jedoch auferweckt wurde, stellt jene dar, die bei der Wiederkunft Christi auferweckt werden. Beachten wir, dass der Erzengel Michael (Judas 9) mit dem Teufel um den Leichnam Mose verhandelte. Es wird ebenfalls die Stimme des Erzengels sein, welche am Tage der Wiederkunft Christi die Verstorbenen aus den Gräbern hervorrufen wird (1. Thessalonicher 4,16).

Mose und Elia sind also bereits erlöst. Sie bilden eine Ausnahme zu den vielen Gläubigen, die erst bei Jesu Wiederkunft auferstehen werden. Diese beiden Männer redeten mit Christus über seine bevorstehenden Leiden in Jerusalem (Lukas 9,30.31). Jesus und seine Jünger sollten für die vor ihnen liegende Zeit schwerer Prüfung und Anfechtung gestärkt und ermutigt werden.

2. Korinther 12,1-4: Entrückt in das Paradies.

Beachten wir zuerst, wovon der Apostel spricht. Er sagt, dass er von "Erscheinungen und Offenbarungen des Herrn" reden wolle (Vers 1). Es bereitet ihm offenbar Mühe zu sagen, wie es bei solchen Kundgebungen wirklich zugeht.

Paulus wagt selber nicht zu entscheiden, ob er bei diesem Gesicht leibhaftig in den dritten Himmel entrückt wurde, oder ob er bei der Vision einfach so stark unter der Herrschaft des Heiligen Geistes stand, dass er für nichts anderes mehr empfänglich war. So schildert zum Beispiel auch Hesekiel seine Erlebnisse (Hesekiel 8,1-3; 11,24).

Es ist aber zu beachten, dass der Apostel nicht sagen kann, was mit ihm während der Vision geschah. Doch muss er die himmlischen Dinge so eindrücklich geschaut und gehört haben, als ob er persönlich dort gewesen wäre.

Im Brief an die Kolosser drückt er sich so aus: "Denn obwohl ich leiblich abwesend bin, so bin ich doch im Geist bei euch und freue mich, wenn ich eure Ordnung und euren festen Glauben an Christus sehe." (Kolosser 2, 5, siehe auch 1. Korinther 5,3.) Wir haben keine Mühe zu verstehen, was Paulus mit dem Satz: "So bin ich doch im Geist bei euch" gemeint hat.

Der Apostel will in 2. Korinther 12,1-4 nichts anderes sagen, als dass er eine Vision empfing und dabei über alles Irdische erhaben war.

MATTHÄUS 10,28: DIE SEELE, DIE NICHT GETÖTET WIRD.

In Matthäus 10 spricht Jesus vom 16. Vers an über die Leiden, welche über seine Nachfolger kommen werden. Er spricht davon, dass Menschen ihnen dieses Leben nehmen können, dass ihre Macht aber begrenzt ist. Jesus tut dies, indem er auf den Unterschied hinweist, der zwischen dem "Töten des Leibes" und dem "Verderben in die Hölle" durch Gott besteht.

Lukas sagt dasselbe, was in Matthäus 10,28 steht, so: "... Fürchtet euch nicht vor denen, die den Leib töten und danach nichts mehr tun können. Ich will euch aber zeigen, vor wem ihr euch fürchten sollt: Fürchtet euch vor dem, der, nachdem er getötet hat, auch Macht hat, in die Hölle zu werfen." (Lukas 12,4.5.)

Wir merken, dass Jesus hier unterscheidet zwischen dem Sterben, das alle Menschen trifft, und dem Umgebrachtwerden in der Hölle, das nur die Unbussfertigen erleiden müssen. Durch Menschen können die Gläubigen zwar den ersten, nicht aber den zweiten Tod sterben.

Nach Matthäus 5,29.30 wird der ganze Leib, der ganze unbussfertige Sünder, in die "Gehenna" geworfen. Laut Matthäus 10,28 kommen in der "Gehenna" Leib und Seele um. Aus den Worten Jesu und der biblischen Propheten geht deutlich hervor, dass die Gottlosen nicht endlos leiden, sondern dass ein Tag kommen wird, an dem sie verbrennen und umkommen werden (Vergleiche die Texte in Matthäus 13,40-42.49.50).

Die Frage, ob der Mensch eine unsterbliche Seele besitze, kann nur auftauchen, wenn wir das Wort Seele missverstehen und ihm einen Sinn beilegen, den es ursprünglich nicht hatte. Vergessen wir nicht, dass das griechische Wort Psyche, welches vielfach mit Seele übersetzt wird, unter anderem auch Leben heisst.

Verfolger können die Christen wohl töten, aber das eigentliche, das verheissene zukünftige Leben können sie ihnen nicht nehmen. Dies war auch die feste Gewissheit des Apostels Paulus (Römer 8,38.39).

Offenbarung 6,9-11: Die Seelen unter dem Altar.

Können wir uns den Zustand der Märtyrer als himmlische Seligkeit vorstellen, wenn sie "mit lauter Stimme" ständig um Rache schreien? Kann dies mit dem Geist der Märtyrer übereinstimmen, von denen so viele für ihre Verfolger beteten? Mag der eine oder andere inmitten von Bedrohung seines Lebens solche Gefühle gehegt haben, so lässt sich das doch nie mit dem himmlischen Glück erlöster Märtyrer vereinbaren. Wie ist diese Bibelstelle zu erklären? In Vers 10 wird den Glaubenszeugen in den Mund gelegt: "Wie lange rächest du nicht unser Blut?" Automatisch denken wir an den ersten Brudermord, als Gott zu Kain, dem Mörder sagte: "Die Stimme des Blutes deines Bruders schreit zu mir von der Erde." (1. Mose 4,10.) Wie hier das vergossene Blut in dichterischer Sprache als zum Himmel schreiend dargestellt wird, so schreit auch in Offenbarung 6,10 das Blut der Märtyrer zum Himmel. Die Märtyrer selbst sind in Gottes Augen gerechtfertigt (Vers 11); Gott weiss, was an ihnen geschah.

Der Tag des Gerichts und der Rache steht bevor. Die Märtyrer haben ihren Lohn noch nicht empfangen (Hebräer 11,32-40). Das fünfte Siegel ist eine Botschaft des Trostes und der Ermutigung für alle, die um des Glaubens willen Verfolgung zu erleiden haben. Die weissen Kleider deuten auf die Rechtfertigung hin, welche diese Märtyrer einmal erfahren werden. Am Ende werden Wahrheit und Gerechtigkeit triumphieren.

Dann kommt an dieser Stelle der Ausdruck "Seelen unter dem Altar" vor. Der Altar erinnert uns an den Brandopferaltar im hebräischen Heiligtum. Damals wurde das Blut der Opfertiere an den Fuss des Altars geschüttet (3. Mose

4,7). Wer Rechtfertigung suchte, fand sie durch das Geschehen am Altar. Die Märtyrer, deren Blut floss, erinnern an dieses Geschehen.

Die Märtyrer melden sich zu Wort, obwohl sie sich im Zustand des Todes befinden. In der Bibel begegnen uns mehrmals solche Redefiguren. Nach Jakobus 5,4 schreit der zu unrecht gekürzte Lohn der Arbeiter zum Himmel. Jesus sagt in Lukas 19,40: "Wenn diese schweigen werden, so werden die Steine schreien." Und so schreit auch das Blut der Märtyrer um Rache, um Rechtfertigung.

Wer meint, es handle sich wirklich um Seelen Verstorbener, die um Rache schreien, überlege folgendes: Wenn die Märtyrer im Himmel wären und ihre gottlosen Verfolger in der Hölle, wieso dann noch um Rache schreien?

Lukas 23,42-43: Der Schächer am Kreuz.

Das Zwiegespräch Jesu mit dem Schächer wird wohl am meisten zitiert, um zu "beweisen", dass der Mensch direkt nach dem Tode ins Paradies "geht"..

Das Matthäus-Evangelium spricht etwa 50mal vom Himmelreich oder vom Reiche Gottes. Jesus und seine Nachfolger beschäftigten sich sehr stark mit diesem Gedanken. Jesus lehrte seine Jünger beten: "Dein Reich komme." Keine 48 Stunden vor seiner Verhaftung erklärte er nochmals unmissverständlich, wann er gedenke die Gläubigen zu sich in sein Reich zu nehmen (Johannes 14,1-3).

Auch der Schächer war mit dem, was Israel unter dem Reich Gottes verstand, vertraut. Darum bat er: "Jesus, gedenke meiner, wenn du mit deiner Königsherrschaft kommst!" ((Lukas 23,42, Zürcher Übersetzung.) "... wenn du kommst in deinem Reiche!" (Hamp-Stenzel-Kürzinger-Übersetzung.) Ist es möglich, dass Jesus auf die Bitte des Schächers, wie manche Christen glauben, geantwortet hat: "Heute noch wirst du mit mir im Paradiese sein",

- wenn Jesu Königreich an jenem "heute" noch nicht aufgerichtet war;
- wenn Jesus am dritten Tage nach seinem Sterben sagte, er sei noch nicht bei seinem Vater gewesen (Johannes 20,17);
- wenn Jesus während "drei Tagen" in der Erde war (Matthäus 12,40);
- wenn die Gläubigen erst bei Jesu Wiederkunft auferweckt werden und dann von Jesus in sein Reich aufgenommen werden (Johannes 14,1-3);
- wenn Jesus selber voraussagte, er werde erst am dritten Tage vom Tode wieder auferweckt werden (Lukas 18,33)?

Nein, es ist gar nicht möglich, dass Jesus dem Schächer versprochen haben soll, "noch heute" mit ihm im Paradies zu sein. Zudem steht auch das Wort "noch", wie es in einigen Übersetzungen vorkommt, nicht im Grundtext.

Auf die Bitte des Schächers: "Denk an mich, wenn du in deinem Königreich kommst", antwortete Jesus: "Wahrlich ich sage dir heute [heute, wo du am Kreuze hängst, heute, wo ich am Kreuze hänge, heute, da wir verspottet und verhöhnt werden, heute, in dieser furchtbaren Lage], du wirst mit mir im Paradiese sein." Wann? Wenn er wiederkommt und alle Erlösten zu sich nimmt.

"Ich sage dir heute" entspricht ganz der hebräischen

Sprachweise. Es ist eine Besonderheit der orientalischen Ausdrucksweise, dass man beim Geben eines Versprechens auch den Tag erwähnt, an dem das Versprechen gegeben wird.

Der Zusammenhang aller in Betracht zu ziehenden biblischen Aussagen ergibt: Das Komma muss nach dem "heute" gesetzt werden. Den mit Jesus Gekreuzigten beschäftigt nicht die Frage nach dem Wann, sondern das Verlangen, überhaupt in Gottes Reich zu gelangen. Wie wichtig das richtige Plazieren von Satzzeichen sein kann, zeigt ein Beispiel. Im folgenden Spruch können die Kommas so gesetzt werden, dass entweder vier negative oder aber vier positive Aussagen entstehen. "Alles Böse wünsche ich dir, fern vom Leibe bleibe mir, alles Unglück treffe dich, niemals denk an mich." "Alles Böse wünsche ich dir fern vom Leibe, bleibe mir alles, Unglück treffe dich niemals, denk an mich."

Ganz wichtig ist folgende Tatsache: In den ältesten griechischen Handschriften gab es keine Satzzeichen, also auch keine Kommas. Somit steht es jedem Übersetzer frei, das Komma vor oder nach dem "heute" zu setzen. Wenn der Übersetzer aber den Zusammenhang und die Grundaussage der Heiligen Schrift berücksichtigt, ist ihm diese Freiheit genommen, denn dann gehört das Komma hinter das "heute".

2. Makkabäer 12,38-45: Gebet und Sühnopfer für Verstorbene.

In der katholischen Bibelübersetzung der Professoren Hamp, Stenzel und Kürzinger steht nach diesen Texten folgende Anmerkung: "Diese Juden benutzten zu abergläubischen Zwecken Amulette (Götterbildnisse), in deren Besitz sie durch Plünderung oder Kauf gekommen waren ... Wenn für diese Toten Opfer dargebracht werden, so setzt das den Glauben an ein Fortleben der Toten voraus. Doch nicht nur das; darüber hinaus ist der Verfasser der zuversichtlichen Hoffnung, dass für die Verstorbenen sühnende Fürbitte eingelegt werden kann, ein Glaube, der in unserer Fegfeuerlehre weiterlebt."

Diese Anmerkung zeigt mit aller Klarheit, wie es um den Glauben dieser Juden bestellt war. Ihr Denken war von heidnischen Vorstellungen geprägt, obwohl sie sich noch zum Judentum hielten. Und in dieser Auffassung über das Weiterleben der Seele nach dem Tode ist auch die Lehre vom Fegfeuer zu suchen.

Um was für Bücher handelt es sich bei den Apokryphen, also auch bei dem ersten und zweiten Makkabäerbuch? Dazu ist als erstes zu bemerken, dass es vier Bücher der Makkabäer gibt. Interessanterweise anerkennt sogar die katholische Kirche nur deren zwei als zur Bibel gehörend. Die Apokryphen wurden von den in Palästina lebenden Juden nie anerkannt; dies besonders deshalb, weil in der jüdischen Diaspora manche Dinge gelehrt wurden, die mit dem Alten Testament nicht übereinstimmen. Es gibt in der ganzen Bibel - sowohl im Alten wie im Neuen Testament - keinen einzigen Text, der für das Gebet für Verstorbene oder für die Lehre von der Fürbitte der Heiligen herangezogen werden kann. Liegt da vielleicht der Grund, dass die katholische Kirche das zweite Makkabäerbuch am Tridentinischen Konzil im Jahre 1546 in die Bibel aufgenommen hat?

1980 erschien in der katholischen Bibelanstalt in Stuttgart eine neue Bibelübersetzung die "Einheitsübersetzung..." Auf den Seiten 526 und 527 finden wir einige einleitende Erläuterungen zu den beiden Makkabäerbüchern. Diese schliessen mit folgenden Worten: "Das Buch ist vor allem wegen seiner fortgeschrittenen Lehre über die Auferstehung der Toten, über das Gebet für die Verstorbenen, über die Verdienste der Märtyrer und die Fürbitte der Heiligen bedeutsam. Diese theologischen Aussagen begründen und rechtfertigen die Stellung des Buches im alttestamentlichen Kanon."

Da wird ganz offen gesagt, warum es gerechtfertigt sein soll, die zwei Makkabäerbücher in die Bibel aufzunehmen, nämlich, um einige Lehren, die sonst keine biblische Bestätigung finden, zu stützen. Es muss in diesem Zusammenhang nochmals ganz deutlich gesagt werden, dass der Schreiber der Makkabäerbücher von der griechischen Philosophie beeinflusst war und in diesen besonderen Fragen mehr griechisch als jüdisch dachte.

Auch die Lehre vom Fegfeuer, die mit 2. Makkabäer 12 begründet wird, ist unbiblisch. Sie trägt dazu bei, den Ernst des Evangeliums abzuschwächen. Bei dieser Lehre haben wir es mit Menschenlehre zu tun, mit einer Pflanze, die nicht von Gott stammt und deshalb eines Tages ausgerissen wird (Matthäus 15,9.13).

3. Teil
Abschliessende Überlegungen

1. Geschichtliches

Das Alte Testament lehrt kein sofortiges Weiterleben nach dem Tode. Auch Jesus nicht. Wie kam es dann dazu, dass falsche Vorstellungen schon bald in die jungen, christlichen Gemeinden eindrangen?

Die Vorstellung vom Versinken ins Nichts war für die Menschen aller Zeiten ein unheimlicher, kaum zu ertragender Gedanke. Deshalb wurde immer wieder versucht, der letzten Konsequenz, dem Grauen des Todes, auszuweichen.

Beinahe bis zum Beginn der Menschheitsgeschichte kann die Idee zurückverfolgt werden, der verstorbene Mensch sei in Wirklichkeit nicht tot. Begründet wurde diese Annahme oft mit der Vorstellung, es gebe eine vom Körper unabhängige Seele, die vom Tod nicht betroffen werde. Grundlage für dieses Denken ist die Weigerung des Menschen, den Tod als Ende des Lebens zu akzeptieren.

Die babylonische Literatur ist voll von Spekulationen über das Sein im Tode und über die Erlangung des ewigen Lebens. Bei den Babyloniern verbindet sich ein unstoffliches Element mit dem Körper, und diesem Element wird Unsterblichkeit zugeschrieben.

Bei den alten Ägyptern herrschte anfänglich nicht der Gedanke an das Weiterleben einer vom Körper getrennten Seele, sondern der ganze Mensch blieb nach ihrer Vorstellung trotz des Sterbens am Leben. Aus dieser Vorstellung heraus entwickelte sich bei den Ägyptern die bekannte Sitte, die Körper der Verstorbenen durch Einbalsamieren zu erhalten. Auf diese Weise sollten sie vor der Verwesung geschützt werden. Das wiederum machte die Aufbewahrung der Mumien in sogenannten Totenkammern notwendig. Später veränderten sich die Vorstellungen bei den Ägyptern und der Totenkult wurde immer komplexer.

Unter den Völkern Persiens und Indiens fand die Lehre von der Unsterblichkeit der Seele früh Eingang, wobei die Seele, das Lebensprinzip des Menschen, als Feuer gedacht wurde. Aus diesem Grunde bevorzugte man die Feuerbestattung, damit die Seele wieder zu ihrem eigentlichen Element zurückkehren könne. Mit dem Brahmanismus kam dann die Lehre von der Seelenwanderung dazu.

Bei den Griechen fand der Gedanke an die Unsterblichkeit der Seele seine klassische Ausprägung. In der zweiten Hälfte des 5. Jh. v. Chr. hielt der Glaube an die menschliche Unsterblichkeit seinen Einzug. Besonders Plato (427-347 v. Chr.), der sich unter dem Einfluss von Sokrates (470-399 v. Chr.) der Philosophie zuwandte wurde zweifellos zum berühmtesten Vertreter dieser Lehre. Bei ihm fand ein Gedanke besondere Betonung: Der Leib ist der Kerker der Seele, darum ist der Tod die Befreiung der Seele aus diesem Gefängnis.

Der griechische Philosoph Aristoteles (384 bis 322/ 321 v. Chr.) war ein Schüler Platos. Kein Wunder, dass auch er - besonders in seinen frühen Werken - im Menschen nicht eine Einheit sah, sondern, wie sein Meister, die Seele als Gefangene des Körpers betrachtete. Er hat in seiner "Mahnrede zur Philosophie" das Verhältnis zwischen dem vergänglichen Leib und der unsterblichen Seele anhand eines Vergleichs sehr krass dargestellt. Die Gebundenheit der Seele an den Leib verglich er mit dem Schicksal von Menschen, die in Gefangenschaft etruskischer Seeräuber geraten waren. Von letzteren wird erzählt, sie hätten ihre Gefangenen lebendigen Leibes an Leichen gebunden. Mit dem Gesicht gegen die Leiche gewandt, mussten diese armen Menschen elend zugrunde gehen. Aristoteles verglich nun diese Gefangenen in ihrem so unerträglichen Zustand mit der Seele und die Leichen mit dem Leib des Menschen.

Es lässt sich leicht ausmalen, mit welcher Verachtung der so verglichene Leib betrachtet wurde und wie sehnsüchtig man dem Augenblick der Befreiung der Seele von dessen Banden entgegensah. So betrachtet, wurde der Tod als wahrer Erlöser, als Durchgangstor zu einem erst mit dem Sterben beginnenden wahren Leben, angesehen. Eine bezaubernde Philosophie hatte ihre Formulierung gefunden und trat nun ihre Reise in die ganze Welt an.

Von all diesen heidnischen Einflüssen blieb die christliche Gemeinde nicht verschont. Schon bevor sich die Reihen der Auferstehungszeugen lichteten, gab es in der Gemeinde etliche Leute, welche sagten, es gebe keine Auferstehung der Toten (1. Korinther 15,12). Andere wiederum behaupteten, dass die verheissene Auferstehung der Toten schon stattgefunden habe (2. Timotheus 2,16-18).

Obschon da und dort Christen von der Botschaft Jesu und der Apostel abwichen, blieben viele auf der ursprünglichen Linie. Gemäss ihren Aussagen bleibt ewiges Leben das ausschliessliche Vorrecht der Erlösten.

Clemens von Rom, Ignatius von Antiochien und der Verfasser des sogenannten Barnabasbriefes sind, was die Lehre über die Natur des Menschen anbetrifft, noch bibeltreu. Von Justin dem Märtyrer (um 110 n. Chr. geboren) heisst es in seinem berühmten Gespräch mit dem Juden Tryphon im 50. Kapitel: "Wenn ihr mit solchen Leuten bekannt geworden seid, die sich Christen nennen und ... die Auferstehung der Toten leugnen und behaupten: ihre Seelen werden sogleich nach dem Tode in den Himmel aufgenommen, so haltet sie nicht für Christen."

Pfarrer L. Reinhardt, der dieses Zitat anführt, sagt dazu: "Also noch um die Mitte des zweiten Jahrhunderts galt die platonische Unsterblichkeitslehre den wirklichen Christen für eine widergöttliche, antichristliche Lehre, welche man nur bei fälschlich sich Christen nennenden Leuten treffe." (L. Reinhardt: "Kennt die Bibel das Jenseits?", Seite 149.150. Ernst Reinhardt-Verlag, München, 1925.)

Mit der Zeit bekannten sich immer mehr ehemalige heidnische Philosophen zum Christentum. Einige dieser Männer versuchten philosophisches Gedankengut mit der christlichen Hoffnung in Einklang zu bringen. Die Zahl jener war ja nicht gering, die wohl das Christentum annahmen, dabei aber den Philosophenmantel nicht ablegten.

Schon Athenagoras (ca. 127-190) liess sich in der Frage der christlichen Auferstehungshoffnung auf Kompromisse ein. Er gilt als der vielseitigste und gewandteste Verteidiger der christlichen Glaubenslehre des 2. Jahrhunderts. Aus seinem Leben ist nur wenig bekannt. Er hat ein Buch über die Auferstehung geschrieben. In diesem Werk vermengte er den Auferstehungsglauben mit der Lehre von der Unsterblichkeit der Seele. Er versuchte aber, die Unsterblichkeit der Seele nicht mit der Bibel, sondern mit philosophischen Argumenten, mit griechischer Weisheitslehre zu begründen.

Tertullian (geboren 150 n. Chr.) ist der erste Christ, der Fegfeuer, Hölle, ewige Qualen und das Gebet für die Toten in sein Lehrgebäude aufgenommen hat. Seiner Ansicht nach gehen die Seelen der Märtyrer in den Himmel, jene der andern Menschen in die Unterwelt, wo sie auf das Gericht warten.

Wir stehen also mit den beiden letztgenannten Männern am Beginn einer Abkehr von der biblischen Hoffnung. Mehr und mehr wird die Unsterblichkeit der Seele ins Blickfeld gerückt und die Auferstehungshoffnung in den Hintergrund gedrängt. Dieser Prozess ging vor allem in Alexandria im grossen Stil vor sich. Alexandria war der Ort, an dem dieses Verschmelzungswerk in grossem Masse betrieben wurde. Clemens von Alexandrien (ca. 150-220 n. Chr.) übte diesbezüglich einen mächtigen Einfluss aus. Dies gilt besonders auch für die uns hier beschäftigende Frage der christlichen Hoffnung. In seinen frühen Schriften lehrte Clemens noch nicht die natürliche Unsterblichkeit der Seele, er betrachtete aber das Christentum als den Zusammenfluss zweier Ströme: des Judentums und des Heidentums. Durch seine Beschäftigung mit griechischer Philosophie und mit der Gnosis war er allmählich dahin gekommen, seinen Standpunkt zu ändern.

Schliesslich lehrte er, die Seele habe die gleiche Substanz wie Gott. Er widerspricht sich aber in verschiedenen Punkten; einerseits lehrt er die Vernichtung der Seelen der Gottlosen, andererseits glaubte er doch an die Unsterblichkeit der Seele. Er lehrt wohl das Fegfeuer, lehnt aber die ewigen Höllenqualen ab.

Origenes war ein Schüler des Clemens von Alexandrien, der die Lehren seines Meisters vervollständigte, wenn auch in einer anderen Richtung. Origenes hat die Lehren der Heiligen Schrift gänzlich vergeistigt. "Der einzelne steigt in allmählicher Vervollkommnung, das Materielle immer mehr hinter sich lassend, zu Gott empor. Nach dem Tode warten seiner Läuterungsfeuer und Seligkeit oder Hölle und neue Welten zu neuer Bewährung; zuletzt werden alle, auch der Teufel, der Seligkeit teilhaftig werden."[1] Später wurde Origenes als Häretiker betrachtet; aber nicht wenige seiner Theorien beeinflussten die Glaubenssätze der Kirche.

Nachdem die Vermischung in einer tragischen Weise fortgeschritten war, formulierte Augustinus (354-430 n. Chr.) die Lehre der Kirche in dieser Frage. Sie wurde bis heute nur wenig verändert. Augustinus hatte bereits vor seiner Bekehrung zum Christentum ein Buch geschrieben, worin er sechzehn Gründe für die Unsterblichkeit der Seele angab. So war er bereits diesen heidnischen Voraussetzungen ergeben, bevor er ein Christ wurde. Christlicher Neuplatonismus bildete einfach die Brücke. Mit Augustinus erreichte die Idee von der Unsterblichkeit der Seele einen Höhepunkt.

Es war dann Thomas von Aquino (geb. 1226), welcher der

1 Zitat: K. Heussi, Kompedium der Kirchengeschichte 12, S. 68

Lehre von der Unsterblichkeit der Seele in der Kirche ihre endgültige Form verlieh; und an der achten Sitzung des fünften Laterankonzils im Dezember 1513 proklamierte Papst Leo X. offiziell das Dogma von der natürlichen Unsterblichkeit der Seele.

Die Lehre von einer sogenannten unsterblichen Seele fand ihren Ursprung weder im Judentum noch bei Christus. Sie ist ein Kind des Heidentums, ganz besonders der griechischen Philosophie. Das Zusammenfliessen von christlichem und heidnischem Gedankengut hatte für die Christenheit verheerende Folgen; denn wenn zwei Flüsse zusammenfliessen, der eine mit schmutzigem und der andere mit klarem, reinem Wasser, so wird das schmutzige Wasser nicht sauber, sondern das saubere Wasser schmutzig. Genau so erging es der reinen biblischen Botschaft über Tod und Auferstehung in der Kirche. Von der Lehre Jesu blieb nur noch wenig übrig. Wäre es nicht an der Zeit, sich wieder ernsthaft darum zu bemühen, die beiden Strömungen klar auseinanderzuhalten?

2. Schlussgedanken

Die Auferstehungshoffnung ist eine herrliche Hoffnung; sie ist der einzige biblische Trost, den wir angesichts des Todes haben. Einen anderen Trost kennt die Bibel nicht. Alle Lehren, die im Widerspruch zur Bibel stehen, stammen von dem grossen Betrüger, von der Schlange, von dem Lügner, der zu Eva sagte, sie werde nicht sterben, wenn sie von der verbotenen Frucht esse.

Wenn Jesus kommt, werden die Gläubigen zum Leben auferweckt. Später werden auch die Gottlosen auferweckt, doch nicht zu ewigem Leben, sondern, um ihre Strafe zu empfangen d.h., den zweiten endgültigen Tod zu sterben.

Sowohl die Belohnung der Gläubigen als auch die Bestrafung der Gottlosen ist zukünftig.

Wir tun gut daran, wenn wir alle Vorstellungen, die mit der Bibel unvereinbar sind, aufgeben.

Wir brauchen keine spiritistischen Lehren, um angesichts des Todes getröstet zu sein. Dieser Trost ist ein Betrug und stammt direkt vom Vater der Lüge.

Auch Sterbeerlebnisse beweisen nichts. Personen, die solche Erlebnisse erzählen, waren nicht wirklich tot. Dass manchmal Drogensüchtige und auch Menschen mit schweren Gehirnverletzungen solche Erlebnisse haben, ist erwiesen und zum Teil auch erklärlich. Dort jedoch, wo in den Geschichten Lichtwesen erscheinen und Botschaften aus dem Jenseits überbringen, die im Widerspruch zur Bibel stehen, sei zu äusserster Vorsicht gemahnt, denn Satan kann sich als Engel des Lichts verstellen (2. Korinther 11,14) und auf diese Weise viele Menschen verführen.

Jesus und die Apostel haben sich nicht geirrt. Sie lehrten, dass in der letzten Zeit eine gewaltige satanische Verführung über diese Erde kommen wird. Nach ihren Aussagen werden viele Menschen sich wohl Christen nennen, aber in Wirklichkeit nur den Schein der Frömmigkeit haben (2. Timotheus 3,5). Diese werden der Bibel nicht mehr glauben, dafür aber den Fabeln und Lehren, welche sie gerne hören wollen (2. Timotheus 4,3.4). Zudem werden nach Jesu Voraussage viele falsche Lehrer aufstehen und viele Menschen verführen (Matthäus 24,5.11.24). Heute erfüllt sich, was in Gottes Wort vorausgesagt wurde.

Auf der anderen Seite erschallt der Ruf immer lauter, Gottes Wort wieder ernstzunehmen und sich auf die Wiederkunft Jesu vorzubereiten (Matthäus 24,14). Heute noch lädt uns Jesus ein, auf seine Stimme zu hören und mitzuhelfen, die Botschaft, wie sie Gottes Wort enthält, in aller Welt zu verkündigen. Dazu sind auch Sie, lieber Leser, aufgerufen. Gott will, dass jede Lehre, die wir glauben und weitersagen, mit einem deutlichen "Es steht geschrieben" unterstrichen werden kann. Wir sind aufgerufen, täglich Gottes Wort zu studieren und jede Frage anhand dieses Massstabes zu prüfen. Gott wünscht sich ein Volk auf Erden, das die Bibel, und nur die Bibel allein, als Richtschnur aller seiner Lehren wählt. Wir müssen mit Demut und ernstem Gebet Gottes Wort erforschen. Nur so kann uns der Heilige Geist in alle Wahrheit leiten. Er will uns Gottes Willen kundtun und uns helfen, klar zu unterscheiden, was Wahrheit und was Irrtum ist. Und wenn der Mensch die Wahrheit erkennt, braucht es oft eine grosse Portion Mut, auch dazu zu stehen.

Die beiden folgenden Zitate decken echt menschliche Probleme auf, die auch bei dieser Frage eine bedeutende Rolle spielen.

Alexis Carrell schreibt: "Der Mensch versteht nur mit grösster Mühe, was er in seinem Innersten nicht zu verstehen wünscht. Er verschliesst instinktiv seine Intelligenz gegenüber Tatsachen, die ihn nötigen, ihm Wohlgefälliges aufzugeben."

Und Augustinus meint: "Wer sich von der Wahrheit nicht besiegen lassen will, der wird vom Irrtum besiegt."

Wenn ein Mensch ehrlichen Sinnes erfahren will, was Wahrheit ist, wird er vom Heiligen Geist in alle Wahrheit geleitet (Johannes 16,13), und wer sein Herz der Liebe Gottes öffnet, wird nicht nur die Wahrheit immer klarer erkennen, sondern auch Kraft erhalten, sich auf die Seite der Wahrheit zu stellen. Der Heilige Geist schenkt ihm Mut und Freudigkeit, um das Licht, das Gott ihm anvertraut hat, andern weiterzugeben.

Es ist ermutigend, sehen zu dürfen, dass heute immer wieder Theologen, Prediger und Laien der verschiedensten Denominationen sich in der Frage des Todes auf die Seite der Bibel stellen.

Auf den ersten Seiten der Bibel wird berichtet, wie vortrefflich Gott am Anfang alles für das Wohl seiner Geschöpfe erschuf. Dann kam die Sünde mit ihren weitreichenden Folgen. Doch Gott überliess die Welt nicht ihrem Schicksal. Er sandte seinen Sohn zur Errettung all der Menschen, die das Geschenk der Erlösung annehmen. Die letzten Seiten der Bibel berichten uns, wie es sein wird, wenn alles, was durch die Sünde verlorengegangen ist, wiederhergestellt sein wird.

So, wie Gott es ursprünglich für diese Welt geplant hatte, werden die Menschen auf der neuen Erde, welche keine Spuren der Sünde mehr aufweist, in Ewigkeit ein glückliches Dasein führen.

Wird das ein Jubel sein, wenn erlöste Menschen ihre gläubigen Angehörigen, die durch den Tod von ihnen getrennt worden sind, bei der Auferstehung wieder in ihre Arme schliessen dürfen, um dann mit ihnen für immer bei Jesus zu leben.

Der Apostel Paulus ruft uns deshalb angesichts des Todes auf, uns voller Zuversicht an Gottes Auferstehungsverheissung zu klammern: "Tröstet euch mit diesen Worten untereinander." (1. Thessalonicher 4,18.)

Noch nie gab es eine Zeit, in der so viele Menschen in spiritistische Irrlehren verstrickt waren wie heute. Die Folgen der "okkulten Welle" sind verheerend. Der Buchmarkt wird förmlich überschwemmt von Literatur mit bibelfremdem Gedankengut. Was heute auf unserer Erde geschieht, deutet eindrücklich auf das Ende hin. Angst und Schrekken breiten sich unter den Völkern aus. Viele Menschen verzagen vor Furcht und in Erwartung der Dinge, die kommen sollen über die ganze Erde. Die Natur ist aus dem Gleichgewicht geworfen. Die Folgen der Sünde treiben die Menschheit dem Ende entgegen. Doch gerade all denen, die diese Zeit miterleben, ruft Jesus zu: "Erhebet eure Häupter, weil sich eure Erlösung naht." (Lukas 21,25-28.) All die Nöte dieser Zeit, aber auch die Liebe zu den Mitmenschen sollten uns bewegen, mehr von dem zu erzählen, was Gott für unsere Errettung getan hat. Und dazu gehört auch die Botschaft von der Auferstehung. Jesus ist wirklich auferstanden, und wir werden, wenn wir ihm unser Leben übergeben, bei seiner Wiederkunft auferstehen. Die an Jesus Glaubenden werden aus dem Todesschlaf geweckt, um in einer unbeschreiblich schönen Heimat ewig zu leben.

Lassen wir uns zum Schluss noch einmal von zwei Aposteln beschreiben, wie sie die Zukunft sahen. Der Apostel Paulus schrieb an die Gemeinde in Korinth:

"Seht, ich enthülle euch ein Geheimnis: Wir werden nicht alle entschlafen, aber wir werden alle verwandelt werden - plötzlich, in einem Augenblick, beim letzten Posaunenschall. Die Posaune wird erschallen, die Toten werden zur Unvergänglichkeit auferweckt, wir aber werden verwandelt werden. Denn dieses Vergängliche muss sich mit Unvergänglichkeit bekleiden und dieses Sterbliche mit Unsterblichkeit. Wenn sich aber dieses Vergängliche mit Unvergänglichkeit bekleidet und dieses Sterbliche mit Unsterblichkeit, dann erfüllt sich das Wort der Schrift: Verschlungen ist der Tod vom Sieg. Tod, wo ist dein Sieg? Tod, wo ist dein Stachel? Der Stachel des Todes aber ist die Sünde, die Kraft der Sünde ist das Gesetz. Gott aber sei Dank, der uns den Sieg geschenkt hat durch Jesus Christus unseren Herrn. Daher, geliebte Brüder, seid standhaft und unerschütterlich, nehmt immer eifriger am Werk des Herrn teil, und denkt daran, dass im Herrn eure Mühe nicht vergeblich ist." (1. Korinther 15,51-58, Einheitsübersetzung.)

Und Johannes sagt über die zukünftige Heimat und das Glück erlöster Menschen folgendes:

"Und ich sah einen neuen Himmel und eine neue Erde; denn der erste Himmel und die erste Erde sind vergangen, und das Meer ist nicht mehr. ... Und Gott wird abwischen alle Tränen von ihren Augen, und der Tod wird nicht mehr sein, noch Leid noch Geschrei noch Schmerz wird mehr sein; denn das Erste ist vergangen. Und der auf dem Thron sass, sprach: Siehe, ich mache alles neu! Und er spricht: Schreibe, denn diese Worte sind wahrhaftig und gewiss! ... Wer überwindet, der wird es alles ererben, und ich werde sein Gott sein, und er wird mein Sohn sein." (Offenbarung 21,1.4.5.7.)

J. L. SHULER
DER UNVERGLEICHLICHE
DURCH IHN KAM DIE WENDE

A. E. WILDER SMITH
DIE ZUVERLÄSSIGKEIT DER BIBEL

DR. HANS HEINZ
RADIKALE VERÄNDERUNGEN STEHEN BEVOR
WOHIN FÜHREN SIE?

TOD UND AUFERSTEHUNG, HIMMEL UND HÖLLE

EINE NEUE WELTORDNUNG?

Bestellschein

Hiermit bestelle ich:

.... Ex. **Tod und Auferstehung, Himmel und Hölle**

.... Ex. in Kroatisch

.... Ex. **Der Unvergleichliche**

.... Ex. **Die Zuverlässigkeit der Bibel**

.... Ex. **Radikale Veränderungen stehen bevor**

.... Ex. in Französisch

.... Ex. in Italienisch

.... Ex. **Eine neue Weltordnung?**

Preise, Mengenrabatt

Bis 9 Exemplare DM 5,–, öS 40.–, sFr. 5.– pro Stück.
Ab 10 Exemplaren (auch gemischt) DM 3,50, öS 28.–, sFr. 3.50 pro Stück.
Ab 30 Exemplaren DM 2,50, öS 20.–, sFr. 2.50 pro Stück.
Zuzüglich Versandkosten, Preisänderungen vorbehalten.

Senden Sie Ihre Bestellung an eine der folgenden Adressen:

In Deutschland:
Saatkorn-Verlag
Lüner Rennbahn 16
21339 Lüneburg

In Österreich:
Wegweiser-Verlag
Industriestraße 10
2104 Spillern

In der Schweiz:
Advent-Verlag
Wylerhalde
3704 Krattigen

Name ....

Vorname ....

Strasse ....

PLZ/Ort ....

Datum/Unterschrift ....

Bestellschein

Hiermit bestelle ich:

.... Ex. **Tod und Auferstehung, Himmel und Hölle**

.... Ex. in Kroatisch

.... Ex. **Der Unvergleichliche**

.... Ex. **Die Zuverlässigkeit der Bibel**

.... Ex. **Radikale Veränderungen stehen bevor**

.... Ex. in Französisch

.... Ex. in Italienisch

.... Ex. **Eine neue Weltordnung?**

Preise, Mengenrabatt

Bis 9 Exemplare DM 5,–, öS 40.–, sFr. 5.– pro Stück.
Ab 10 Exemplaren (auch gemischt) DM 3,50, öS 28.–, sFr. 3.50 pro Stück.
Ab 30 Exemplaren DM 2,50, öS 20.–, sFr. 2.50 pro Stück.
Zuzüglich Versandkosten, Preisänderungen vorbehalten.

Senden Sie Ihre Bestellung an eine der folgenden Adressen:

In Deutschland:
Saatkorn-Verlag
Lüner Rennbahn 16
21339 Lüneburg

In Österreich:
Wegweiser-Verlag
Industriestraße 10
2104 Spillern

In der Schweiz:
Advent-Verlag
Wylerhalde
3704 Krattigen

Name ....

Vorname ....

Strasse ....

PLZ/Ort ....

Datum/Unterschrift ....